帝国之弧

——抛物线两端的美国与中国

乔良 著

北京长江新世纪文化传媒有限公司
www.cjxinshiji.com
出品

献　祭：

我的已在天国的父亲和母亲

目　录

帝国前史：老欧洲没落与美国的崛起

美国是个帝国吗？有人说是，有人说不是。如果说是，美国却分明不同于历史上任何一个帝国——它没有海外殖民地，也不从其打仗占领的国家公开地掠夺资源财富，更不驱使、奴役占领地的人民。从这几点来看，美国完全不像一个帝国。但如果据此判断美国不是帝国，那美国为什么追求霸权，并且实实在在拥有霸权——美国在最近40多年里，用美元构筑的金融体系将整个世界带入史无前例的金融文明而从全球获利。那么，美国是如何成为史上最新也最强盛的帝国的？

金融殖民：纸币的历史逻辑和轨迹

1960年，美国经济学家罗伯特·特里芬在其《黄金与美元危机——自由兑换的未来》一书中提出“由于美元与黄金挂钩，而其他国家的货币与美元挂钩，美元虽然取得了国际核心货币的地位，但是各国为了发展国际贸易，必须用美元作为结算与储备货币，这样就会导致流出美国的货币在海外不断沉淀，对美国来说就会发生长期贸易逆差；而美元作为国际货币核心的前提是必须保持美元币值稳定与坚挺，这又要求美国必须是一个长期贸易顺差国。这两个要求互相矛盾，因此是一个悖论。”那么，美国是如何解决这个悖论的呢？

金融魔杖：美国的国家生存方式

曾任美联储主席的格林斯潘就职当天，就告诫他的同僚：在这里（美联储）你们可以谈论一切，就是不许谈论美元。这是禁忌，美国人对这一关乎美国国家生存的话题讳莫如深。

所以，要了解美国的国家战略，最好不要听美国人说什么，而是要了解美国的生存方式。美国人会告诉你许许多多它的国家战略构想，而所有这些战略构想的背后，只有一个目的，那就是维护美国在这个世界上的霸权地位。那么，美国人极力要维护霸权又是为了什么？答案也只有一个：为了延续美国作为世界上唯一超级大国的国家生存方式。

硝烟背后：美国为何而战

也许，不能说美国人酷爱战争，但实际上美国总是需要战争。过去20年里，美国是世界上唯一连打过四场对外战争的国家。为什么要如此频繁地发动战争？地球人不懂，恐怕美国人民也不懂，因为这四场战争，发生在三个不同的国家和地区，开战的理由也都十分充分且冠冕堂皇，谁会把它们与一张轻飘飘的绿纸联系在一起？20年间四场战争，美国人为什么开战？

世纪之问：金融战与阴谋论

很多经济学家，对于金融战和阴谋论这样的说法都有一种本能的反感。原因有二。第一是因为这两个词，无论是金融战还是阴谋论都不是专业术语；第二是因为许多学经济、学金融的人，他们从课本上从未接触过这类内容。所以他们本能地排斥这些。但我要问，如果我们看到的某些客观事实与我们所学到的理论不一样，我们会去修正谁？是修正我们的理论，还是去修正客观事实？既有的理论和实事求是谁更重要？这才是问题的出发点和分歧点。

重振或衰落：美国战略大调整能否避免颓势

2012年一开年，美国即高调宣布将战略重心转向亚太地区，经济、军事、外交、安全，多管齐下，动作频频。特别是奥巴马总统与国防部长帕内塔、参联会主席邓普西，联手发布《维持美国全球领导地位：21世纪世界国防优先任务》的战略评估报告，更引起全球一片热议。美国究竟意欲何为？这次调整的背景原因和所要达到的目标是什么？美国是否可以通过这次调整挽回颓势，避免衰落？都需要世人悉心揣度，深入探究。

谁将崛起：当美国自己击倒自己时，中国该做什么

从修昔底德开始，谈论帝国衰落的话题就从未间断，因为人们眼睁睁地看见过一个又一个帝国在眼皮底下走马灯似的兴起又衰落，甚至谈论世界史上最大也是最后一个帝国——美利坚帝国的衰落，这一话题也已被人争吵了半个世纪，早已不再新鲜。真正新鲜的是谁敢预言：美国将在何时，因何种原因，以何种方式衰落？这才是真正新鲜的话题。很可惜，迄今为止，没有人能做出这样的预言。更不要说预言美国之后的世界是什么样，谁将是美国之后的继任者了。

自序

当帝国即将成为过时的话题

帝国，是个千年话题。这个话题一千年又一千年地影响着东西方人类，这个话题令人着迷。

今天，又到了千年一易的时刻：不是帝国之旗易帜，而是帝国大剧的帷幕，徐徐垂下……从大秦帝国、古罗马帝国开局，到大英帝国、美利坚帝国收官，这一出波澜壮阔、波诡云谲的长剧，终于演到了尾声。

回过头去看，没有一个帝国曾重复过别人的历史，但帝国运行的曲线，却惊人地相似：都在亘古不变地演绎着抛物线原理。这是否就是帝国兴衰之道？从某种角度说，是的。但如果仅用这种道理去描述和总结每一个帝国的兴衰起落，那与我们说太阳每天东升西落何异？

一定还有更本质的东西在影响和左右着帝国运行的轨迹，如同万有引力影响我们的呼吸、速度、力量乃至生命的长度。这个过程的传导太过复杂，复杂到我们几乎察觉不到它的存在。“复杂性”，遮蔽了我们洞察事物本质的视线。我们非要等到不同寻常的事件和人物“涌现”时，才会发现那些无法忽略的环节。而当我们把这些环节一个个穿起来，串成一条绵延不断的长链，就有了我们所谓的“历史”，包括帝国史。

这时，我们会把目光聚焦在诸如“百家争鸣”“商鞅变法”“秦并六国”“亚历山大远征”“坎尼之战”“哥伦布发现新大陆”“法国大革命”乃至第一次世界大战、第二次世界大战这些改变历史走向的重大事件上；或是把视线投向嬴政、恺撒、汉尼拔、拿破仑、毛泽东、罗斯福这些以一己之力开凿了历史风貌的大人物身上。我们以为，正是这些事件和这些大人物的“涌现”，推动并构成了人类社会已知的历史。

而我们不知道，又是谁，在背后推动这些大事件和大人物去缔造历史？

我们从不这样理解历史：先有青铜和铁，后有恺撒和秦始皇；先有马镫和火药，后有成吉思汗；先有蒸汽机，后有全球贸易和“日不落”；先有美元与黄金脱钩，后有金融霸权和全球化。

我们不情愿说，技术创造历史，技术也改变历史，技术总是先于历史事件和历史人物，走在一切历史的前面。仅仅因为，任何技术都是没有体温的，远不如历史事件和历史人物来得生动且鲜活。

我们不肯承认我们被自己创造发明的技术所左右、改变甚至主宰了命运。

我们只把技术看作是被人类驱遣和使用的工具。

我们意识不到每一种革命性技术，都在改变和影响我们对世界的看法，重塑我们的世界观、价值观、历史观。

我们完全忘了，技术在帮助我们先是用狩猎和战争，然后用农耕和生产线，现在又用金融和计算机追逐并创造财富的同时，也在深刻地刷新我们的人际关系、族群关系乃至国际关系。

甚至连我们表达自己的情感和爱慕之心，也由于技术的助力，从鱼雁传书的曲折隐晦演化为网上约会式的赤裸直白。

其实，纵观人类进化史，说技术左右人类，一点儿也不为过。这就跟仆人常常以卑微的狡猾左右主人的生活是一个道理。技术就是如此左右人类的“仆人”。

今天，技术又一次开始强迫人类做一次“创世纪”式的改变。如同它用蒸汽机把从中世纪走出不久的西方拖入资本主义社会一样，互联网也将要把整个世界，不论西方还是东方，强行拖入一个现在还难以命名的社会。

随着互联网技术的深化和普及，各种由此衍生的新技术全都在开足马力，一个亘古未有的大时代即将开始。社会变更必需的两大要素——生产方式的改变和交易方式的改变——已然具备。这意味着人类社会形态将出现超乎想象的巨变。领跑人类社会200年、中国才刚刚迈进门槛的世界主流发展模式，即将告终。新的社会已经拉开序幕。一切都来得太突然，太让人措手不及，整个世界都还没有为应对和迎接这一变化做好心理准备。

技术，却又一次跑到了人类领悟力的前面。

不可否认，引发这一改变的始作俑者是美国。它用两大技术深刻地影响了世界，一是金融技术，二是信息技术。前者更借助后者之力，推动美元的全球化，建立起了无远弗届的金融帝国，把整个地球变成了美利坚的金融殖民地。但宇宙间的一切道理都是相通的，自然界的物极必反，表现在社会界就是盛极必衰。这个道理，美国比谁都懂，所以它才拼命地创新科技，发展军力，期冀用高科技武装的举世无双的军力，震慑来自任何方向的后来者挑战，保住帝国霸权不旁落。从此刻望去，美国几乎已经无可匹敌地做到了这一点。但出乎美国人所料的事情还是发生了：当没有什么力量可以击倒美国时，美国却有可能自己击倒自己！从技术史角度看，过去一百年里，美国为这个世界作出的最大贡献，就是创新出了互联网。令所有人意想不到的是，正是这一让美国人引以为傲的创新，将成为美国为自己准备的“帝国掘墓人”——互联网演变必然带来的两大趋势性结果：“去中心化”和“去货币化”，不可避免地会伤及乃至剥夺美国的两大特权：政治霸权和货币霸权。因为互联网的主要功能——信息共享，将使信息垄断不复存在，起码将其降到最低限度，这将不可逆转地消解一切权力，包括帝国霸权。个中原理就是：一切权力都来自信息垄断。信息垄断一旦打破，一切权力将不攻自破。

这意味着，美国之后，将不再有帝国；也意味着，权力的转移，也不再只是大国间的游戏。权力分享，会成为世界格局重塑的主题。

显然，美国作为当今世界的老大，还没有为此做好准备，甚至根本就没打算做这种准备。这一点，从美国的一些顶级智囊为什么反复谈论“修昔底德陷阱”的话题，即可窥出美国人当下的心态。很遗憾，这是一种不合时宜的“刻舟求剑”：以为只要打压住挑战者，就可以保住帝国江山永不易帜。

但，任何人，任何力量，任何国家，都不可能与趋势对抗，特别是当趋势已经如此明显之际。美国不可以，中国也不可以。

这一趋势昭示世界也昭示中国，帝国之路走不通了。不管美国是否准备一条道走到黑，中国都必须另辟蹊径。另辟，如何辟？时下中国，流行“腾笼换鸟”说，在我看来，“腾笼换‘脑’”才是当务之急。首先要清醒的是：中国的崛起，决不能重蹈历史上多次出现过的“修昔底德陷阱”——以后发优势直接挑战老牌帝国，但又不能完全回避与老霸主的较量。起码在新时代将临未临，我们大家都已把一只脚迈过新门槛之时。

这就是说，在我们能否赢得未来之前，先要赢得当下。

现在，全球经济都不景气，发达国家与发达国家，发达国家与发展中国家，正在跌进一个比“烂”时期：谁比谁更烂，谁就先倒下。中国唯有不遗余力，不惜一切代价，不让自己比别人先倒下，让别人先你倒下，你就有机会挺住，然后逐步修复自己，重返快车道。

以中国今天的体量，没有任何力量可以击倒中国，但这并不等于中国就没有被别人击倒的可能。就中美两国而言，中国今天真正要应对的，主要不是美国的军事霸权，而是其金融霸权。近四十年来，美国利用手中的金融权杖，通过阶段性交替释放或减少美元流动性，形成吞噬全球财富的美元周期律，这是一种可怕的“金融呼吸”：大开大合之间，把各国经济像绵羊一样喂肥后再伺机宰杀，迄今已几经实战，屡试不爽。虽然道理上说，“只要你自己不倒，就没有人可以把你打倒”，但美国人的“金融呼吸”，对于中国最脆弱的软肋——刚刚开放资本项目的金融系统来说，的确有“击穿你的软肋就让你倒地”的可能，何况美国也确有此能力。对此，中国怎能因对自由市场经济理论深信不疑，而让自己成为不设防的“罗马”？

这一不祥的预感让我忧思如焚，也是我写作这部《帝国之弧》的动机。当我不时怀疑自己是否忧虑过度之时，整个世界正乱云飞渡，乱象纷呈。内战、恐袭、股灾、难民、油价暴跌、教派冲突，所有的乱，最后都可归结为争夺资本之乱，而所有的资本之乱，都与美元有关，这本书，或许会对人们厘清乱象冷静判断有些许之用，特别是当我们已与美国和世界站在同一条（互联网）起跑线上，向那个虽不确定，但越来越清晰的目标冲刺时，尤其需要一帖清醒剂。历史的发令枪已经打响，所有的国家，无论大国小国，都在争先瞄准终点发力。值此决定国运之际，我只想提醒我的国家，清醒。清醒才是一个长跑者最重要的武器，如果你已经具备足够体力的话。我们不必在意自己是不是这场“马拉松”的领跑者，我们只要争取成为最后的撞线者。因此，清醒，是必须的。

引言

“9·11”，美国国运的拐点

2001年9月11日，3架被劫持的飞机撞上美国纽约世贸中心和华盛顿五角大楼，一个是世界经济中心的象征，一个是世界最强军事力量的象征。世贸中心两座大楼在滚滚浓烟中轰然倒塌，近3000人丧生。这是美国历史上遭受的最严重的恐怖袭击。

从电视画面上看到这个场景，我和我的合作者王湘穗并没有因为这一不幸事件被我们所写的《超限战》提前言中而欣慰。因为这是一件令人震惊和痛心的事情，当那么多无辜的生命在一瞬间逝去时，谁会愿意看到自己的预见成为残酷的现实！面对恐怖主义分子的残暴行径，我们有的只是愤怒和谴责。

20世纪快结束时，美国人一片乐观。美国人当时断定，20世纪是美国的世纪，21世纪也将是美国的世纪。结果21世纪才刚刚拉开大幕，美国的世纪就受到质疑，并且是以这样一种方式。这在很大程度上改变了美国人的精神状态，也改变了世人对“美国不可撼动”这一观点的看法。

“9·11”发生时，70%的美国就业人口从事金融和金融服务业。美国人长期以来形成了特殊的生活方式，即通过透支，就可以生活得比别人更好。

这种生存方式源于美国可以生产一种特殊产品：美元。到今天为止，很多人认为全球化是历史潮流。其实，这种潮流是地地道道的“美国制造”。就像意大利的米兰和法国的巴黎可以制造时装时尚，这一轮的全球化就是一种被美元引领或者说裹挟的“金融时尚”。这种被美国人设计和推动的“金融时尚”，实际上是通过美元的全球化对全球经济重新进行了一次国际大分工：美国负责生产美元，全世界负责生产用美元交换的产品。

1971年8月15日，美国总统尼克松宣布关闭黄金窗口，美元与黄金脱钩。这一背信之举，意味着美国人废除了由它一手创立的布雷顿森林体系①。美元与黄金脱钩之后，美元不再被黄金束缚。美国突然意识到，自己从理论上获得了随意印刷美元的权力，虽然实际上它并不敢毫无节制地印刷美元。但有了这个权力，美国就可以运用金融霸权使全世界就范，通过不断印刷美元，攫取全球财富。

由此开始，美国陆续地把自己的中低端制造业当作夕阳产业、垃圾产业转向发展中国家，只把高附加值的产业留给自己，让那些新兴国家无节制地消耗自己的资源，破坏性地改变自己的环境，用劳动力密集型产业去赚取无异于血汗钱的“人口红利”。在付出了高昂的代价和成本后，新兴国家从美国人手中换到的是一张张成本只有几美分的绿纸，而美国人拿走的却是这些国家的实物财富。

这无异于一种掠夺。其实，这样的全球化直接导致一些边缘性国家人民赤贫，甚至一些国家破产，同时也就在很大程度上造就了恐怖主义产生的土壤。在当今世界上，没有人愿意被全球化所边缘化，一旦多数被边缘化的人群选择了无奈和沉默，少数人则选择了

① 1944年7月，在美国新罕布什尔州的布雷顿森林召开有44个国家参加的联合国与联盟国家国际货币金融会议，通过了以“怀特计划”为基础的“联合国家货币金融会议的最后决议书”以及“国际货币基金组织协定”和“国际复兴开发银行协定”两个附件，总称为“布雷顿森林协定”，建立了金本位制崩溃后的人类第二个国际货币体系。在这一体系中美元与黄金挂钩，美国承担以官价兑换黄金的义务。它使美元在战后国际货币体系中处于中心地位，美元成了黄金的“等价物”，各国货币只有通过美元才能与黄金发生关系，并可按35美元一盎司的官价向美国兑换黄金。从此美元就成了国际清算的支付手段和各国的主要储备货币。

反抗。而这些人选择的反抗手段，可能就是不择手段。从某种程度上说，本·拉登就是选择反抗者中的一员。

本·拉登对全球化的认识也许并没有错，他的错误在于他选择的反抗强权和霸道的办法是杀戮平民。这不但是一种错误，更是一种罪行。就如同我们在科索沃、阿富汗、伊拉克看到的对平民的杀戮一样，不仅是错误，同样也是罪行。恐怖主义从某种意义上说就是绝望主义。恐怖主义首先选择了袭击美国，它不是一般意义上说的“文明的冲突”。对这一点，美国理应进行反思。

本·拉登的死罪有应得，并不意味着美国的一切做法都无可指责，都是正义之举。但很遗憾，历年来美国政府搞的“9·11”纪念活动，从来都没有这方面的反躬自省，每一次纪念都是在一味地对别人进行谴责。

到现在为止，美国对恐怖主义一直在进行有形的警觉和打击，而对无形的东西则从没有进行过真正的思考。他们追踪恐怖主义头目的藏身之地和基地组织的内部结构，讨论如何杀死他们，等等，这些都是有形的反恐行动。但是对于究竟是什么造成了恐怖主义，又是什么使得其在全球蔓延，并且主要对西方，特别是基督教世界的国家安全构成了极度强大的威胁，都没有去研究和反思。

美国和西方的政客们包括许多民众，都没有认识到或承认，针对美国和西方的恐怖主义行为，并不仅仅是因为宗教文化的不同，也不像小布什宣称的那样，是对美国自由和民主的敌视。

但不论承认不承认，有一个事实却都是谁也无法否认的，那就是“9·11”改变了美国的国运，同时也就顺带着改写了世界历史的进程。“9·11”的最严重后果，不是双子大楼的倒塌，而是揭开了美国这个超级大国不堪一击的一面，并因此改变了美国人的思维方式。“9·11”后的美国变得焦虑、狭隘、好斗、睚眦必报，越来越不宽容。这对美国来说可不是好兆头，因为这很容易让它在选择行为方式时不够理智，动作变形。而这样一种改变，当然将改变美国在全世界的形象。

祸不单行，在“9·11”事件之后仅仅六七年，美国又遭遇了把全世界都拖累进去的金融危机，这场发端于次贷危机的金融海啸，清晰地冲刷出了金融帝国的下影线①。不管世人怎样看好美利坚帝国曾经数度凤凰涅槃、咸鱼翻生的修复能力，即便美国这次可以从金融危机中走出来，难道它还能再坐回唯一霸主的宝座吗？所有的帝国都会盛极而衰走向没落，这是历史的必然。美国难道会是个例外？当一个国家把货币霸权作为主要的获利方式，使自己的国家产业空心化，因此无法再造实体经济时；当一个国家继续玩虚拟经济的游戏又玩不下去时；当这个国家可以一次次提高它的债务上限，却始终无法解决它靠“借债度日”这一本质问题时；更重要的是，当新兴国家纷纷崛起，而这个国家却只能靠给这些国家制造障碍来遏制这些国家的发展进度时，美国还会是一个生机勃勃，充满希望的国家吗？

---

①下影线：股市用语。在K线图中，从实体向下延伸的细线叫下影线。在阳线中，它是当日开盘价与最低价之差；在阴线中，它是当日收盘价与最低价之差。一般说，产生下影线的原因是多方力量大于空力力量。

帝国前史

老欧洲没落与美国崛起

美国是个帝国吗？有人说是，有人说不是。如果说是，美国却分明不同于历史上任何一个帝国—它没有海外殖民地，也不从其打仗占领的国家公开地掠夺资源财富，更不驱使、奴役占领地的人民。从这几点来看，美国完全不像一个帝国。但如果据此判断美国不是帝国，那美国为什么追求霸权，并且实实在在拥有霸权—美国在最近40多年里，用美元构筑的金融体系将整个世界带入史无前例的金融文明而从全球获利。那么，美国是如何成为史上最新也最强盛的帝国的？

帝国前史：老欧洲没落与美国崛起

美国是个帝国吗？有人说是，有人说不是。如果说是，美国却分明不同于历史上任何一个帝国——它没有海外殖民地，也不从其打仗占领的国家公开地掠夺资源财富，更不驱使、奴役占领地的人民。从这几点来看，美国完全不像一个帝国。但如果据此判断美国不是帝国，那美国为什么追求霸权，并且实实在在拥有霸权——美国在最近40多年里，用美元构筑的金融体系将整个世界带入史无前例的金融文明而从全球获利。那么，美国是如何拥有霸权并成为史上最新也最强盛的帝国的？

所有的帝国都会追求霸权并行使霸权。但霸权的核心是什么？霸权的终极目标是什么？实现这一目标的工具又是什么？这是千百年来从中国人谈论“霸术”到西方人（马基雅维利）研究“君主论”都一直瞄准的靶标，却很少有谁能一语中的。

当这个话题在过去一百年特别是近半个世纪里加入了美国因素之后，就更加变得扑朔迷离，令人难解。

首先，美国是个帝国吗？有人说是，有人说不是。如果说是，美国却分明不同于历史上任何一个帝国，从它没有海外殖民地，也不从其打仗占领的国家明目张胆地掠夺资源财富，更不驱使、奴役占领地的人民这几点来看，美国完全不像一个帝国。但如果据此判断美国不是帝国，那美国为什么追求霸权，并且实实在在拥有霸权？要理解这一点，理解什么是美国的霸权，就需要从1975年8月15日之后谈起，这一天是历史的分水岭。因为自这一天始，黄金所扮演的商品等价物角色，被美国人废除了，美国人用纯粹的信用——纸币——驱逐了黄金，获得了它孜孜以求的金融霸权，顺便也彻底改变了这个世界，把人类社会带入了实质性的金融殖民时代。

表面上看，美国的确没有一块海外殖民地，但它却把全球的资源和产品乃至全球贸易都纳入了用美元结算的体系；它也的确没有公开掠夺过别国的资源和产品，但它用几乎没有成本的“绿纸”交换这些资源和产品，这无异于隐形的掠夺；它也没有驱使和奴役别国的民众去为美国直接打工，但它却通过制造业转移，把美国人眼中的那些“垃圾产业”“夕阳产业”统统转移到发展中国家，实现了间接的“驱使和奴役”，它自己却不用承担管理和统治这些国家与地区的成本，当然也就不用面对这些国家与地区的劳资纠纷、反抗和敌意，而帝国之利，它却一分也没少得，甚至所获更丰。看看近20年来，美国GDP比20年前最高值整整翻了一番的增长与世界其他国家拉开的距离！

这真是一个绝顶聪明的帝国。

美国如何做到的这一点？

有些人试图解开这个谜，但几无成功；更多的人则选择了沉默和回避。谁愿意冒揭开“伏地魔”①的真实面目而被它所伤害的风险呢？想想世界银行前首席经济学家斯蒂格利茨的遭遇，再想想阿桑奇和斯诺登的下场！

在美国和霸权的奥秘这一顶级话题面前，“天机不可泄露”！

---

①“伏地魔”：英国小说家J·K·罗琳系列小说《哈利·波特》中掌握强大魔法的邪恶魔头。他在最后时刻被代表正义力量的哈利·波特等众人击杀。

这句中国人的古语，似乎已成为世界许多专家、学者的共同禁忌，集体性失语。那么，对这一问题认识的缺位，究竟是无知者的认识盲点，还是有知者的刻意掩盖？我想是二者兼而有之。

无知者的认识盲点，可以不必追究，因为人类历史上，知识和思想，从来就不是对所有人洞开的。

对“有知者的刻意掩盖”，我们倒是应该问个究竟。为什么？为什么有人要对美元怎么可以并以这样的方式影响世界——这一人们从日常生活到国与国贸易融通时时刻刻都会遇到的问题——要刻意遮蔽，不让更多的人了解它？甚至在经济学教科书中，独独不讲授人类经济史、金融史上这一至关重要的决定性环节？

出于对这个问题的好奇，更由于不希望自己的国家及世人太久地沉溺于某种类似于庞氏骗局[①]的迷宫中不能自拔，我从整整 10 年前就开始关注这一问题。

探究的结果是，我不得不承认，不管人们喜不喜欢，赞美抑或反对，所谓美元霸权即美元体制，其实已为人类的经济社会提供了一种不同于此前一切文明的新的文明形态，即金融文明形态。它在最近 40 多年里，成功地把世界各国的货币都变成了美元的附属品，用美国的信用创造控制了人类的交易模式，同时也就深度控制了人类的生产模式——一切生产都用美元计价，从而最终也就表达为为美元而生产。正是这一结果深刻地改变了也构成了我们当下的文明。

但归根结底，有一样东西却没有改变，那就是历史上的所有文明，都被某一强势帝国所主导，并使之成为该帝国的基本获利方式。正像古希腊文明其实质是雅典对周边城邦统治并因此获利，古罗马

① 庞氏骗局：对金融领域投资诈骗的称呼，金字塔骗局（Pyramid scheme）的始祖，很多非法的传销集团就是用这一招聚敛钱财的，这种骗术是一个名叫查尔斯·庞兹的投机商人“发明”的。庞氏骗局在中国又称“拆东墙补西墙”“空手套白狼”。简言之就是利用新投资人的钱来向老投资者支付利息和短期回报，以制造赚钱的假象进而骗取更多的投资。

文明是罗马帝国对地中海国家的奴役而因之获利，大英帝国用殖民方式推进贸易文明并从3300万平方公里土地上获利一样，美国人用美元构筑的金融体系将整个世界带入史无前例的金融文明而从全球获利。

就此意义上说，人类历史上每一种文明，都是某一帝国为一己私利制造出来的获利工具。同时也是被其覆盖的国家屈从于帝国中心权力的生存乃至生活的方式。这就是文明的本质。农耕文明如此，工业文明、贸易文明亦如此，金融文明也不会例外。公正地说，每一种文明相对前者，都是一种进步，但每一种文明，又都是帝国自私自利的产物。美国作为金融帝国亦即金融帝国的肇始者，同样如此。

那么，美国是如何成为史上最新也最强盛的帝国的？

用资本的方式理解战争

第一次世界大战是美国崛起为全球新霸主的催生剂和助产士。

这是一场由一群既不知道自己为何而战，又不了解战争本身已经发生改变，更不明白谁将是战争最大受益者的人，错误发动和进行的摧毁了自己，也刷新了世界的战争。

尽管马克思早于一个半世纪前，就在他不朽的《资本论》中提出了“经济基础决定上层建筑”的著名论断，但欧洲那些冥顽不化的君主们，依旧不肯正视帝国的“上层建筑”与资本主义的“经济基础”早已“不相适应”的现实，却又对自由资本主义升级为垄断资本主义后的大工业生产对资源欲壑难填的胃口和日益尖锐的劳资冲突导致的社会阶级矛盾，充满担心和恐惧。

为了摆脱他们根本就不曾理解原因的困境，德皇威廉二世和他的欧洲同僚们——奥匈帝国的老皇帝约瑟夫，俄罗斯沙皇尼古拉二世，奥斯曼帝国的哈里发，大英帝国和法兰西共和国的决策者们，以 1914 年 6 月 28 日斐迪南大公夫妇在萨拉热窝被刺为契机，几乎不约而同地为各自的国家选择了战争脱困之路。

大错既已铸成，相应的错误就会接踵而至。既然帝国的决策者们无法理解在帝国母体内孕育生长并日益膨胀的资本主义，不过是一次“借腹生子”，帝国的专制体制与资本主义的大工业生产方式，从根本上同体异质，互相排斥，他们当然也就对被资本所推动的第二次工业革命带来的战争方式的改变一无所知。而这最终导致欧洲的帝国一哄而上，打了一场耗时 4 年多，大约 6500 万人参战，1000 多万人阵亡，2000 多万人受伤，耗资 2700 亿美元，受战祸波及人口 15 亿，结果却是千金散尽，王冠落地，帝王们自己埋葬自己的战争。

在这场战争中，唯一的例外是美国。因为美国是当时真正理解了资本主义的逐利方式与天性，完全将自己的国家体制与其融为一体的国家，这使美国得以用纯粹资本的方式去理解这场战争，将之视作一次超大规模的商业活动：生产、运输、贸易、债务、贷款、融资，除了在战争背景下进行，一切都与和平时期没有两样，所以，这种资本主义的清醒使美国笑到最后，成了第一次世界大战（包括 20 年后的第二次世界大战）最大的获利者和最终的胜利者，应该说毫不奇怪。

被忽视的资源和资本能力

中国人的“兵马未动，粮草先行”与西方人的“打仗就是打后勤”这两句话，异曲同工。引申为现代理念，即打仗就是拼国力。什么是国力？从硬件角度讲，就是获取和控制资源与资本并将其转变为生产力的能力。这种由资源和资本所体现的国家实力，是对战争时长和规模的硬约束：有多少钱（资本），打多大的仗；有多少资源（人力、物力和生产力），打多久的仗。前者取决于交战方的战争融资能力，后者则决定了交战方的战争持续能力。这意味着战场上的胜负一开始就被交战双方所能获得的战争资源和资本能力所左右。这也意味着战争的决策者必须清醒地懂得：打仗只能量入为出，量力而行。

显然，第一次世界大战交战国的首脑和决策者们，并不真正懂得这个道理。而作为大战的主要发动者德皇威廉二世，在这一点上尤其愚蠢。他们无一例外地以为，战争的胜败取决于双方军队在战场上的较量，而对战争的胜利更多地取决于战场之外双方的人力资源、物质资源、生产能力、税收财政、贸易水平、信用创造以及盟友状况等要素，给予了惊人的忽视。

以德国为例，如果德皇威廉与其号称“世界上最出色的总参谋部”的军官们，对当时已经形成的同盟国与协约国双方的真实实力对比有一个清醒的了解，也就不会把对战争胜利的期望建立在如此草率的推断上：

“他们笃信，如果再等下去，法国和俄国将得到喘息的机会，组建坚不可摧的力量。”[1]23 这意味着，那时再动手，对德国人来说，可能就为时已晚。而资源的短缺、流动性的紧张，长时期为准备战争而形成的军备压力，社会矛盾的激化，使德军总参谋长小毛奇认为“人们越来越倾向于将战争视为缓解大规模军备、财政收入和政治紧张局面的出路”。[1]113

在这样朝野上下一派轻言战争的气氛中，难得德国人还在战争开始之前，竟然在自己想象力所及的最大范围内，对这场可能发生的战争的费用，做出了预算：

“估计战争的费用约 700 亿马克。当时的财政部长赫尔费里希对此充满信心。”[2]917 他完全不曾料到，开战以后，“帝国的战争开支将达到平均每年为300亿马克，每天约为8400万马克。”[3]82更不会料到，战争结束后的1920年，德国公债总额将高达2200亿马克。

那么，即使按德国人估算的700亿马克这个数字，这笔战争的成本将如何收回？对此，德国人自信得近乎异想天开：“德国人有自己的打算，他们觉得自己一定会赢得胜利，只要每年税收足以偿还内债利息，将来取胜，赔款就是净利润。”[2]171

或许被这种盲目乐观的情绪所感染，一向以严谨著称的德军总参谋部，根据著名的“施里芬计划”为蓝本制订的作战计划，同样令人惊讶的轻率，充满了投机色彩。一俟开战，德军将牢记施里芬的遗训：“袖拂英吉利海峡”，以6个星期击败法国。然后，挥师东向，攻打俄国。这个一厢情愿的计划，意在既避免两线作战，又各个击破对手。但是，真正的战争与战争计划往往是两副面孔，甚至风马牛不相及：德国人失算了，这场战争一打就是四年半。最后支付战争赔款的，不是对手，而是德国人自己。赔偿数额经过反复的讨价还价，仍然高达1320亿马克，足以让战败的德国永世不得翻身。“因为这个数字远远地超过了被榨干的德国国民经济的支付能力。”[4]50

其实，设想一下，德国的决策者们在决定开战前，对如下数字略加过目的话，还会轻启战端吗？

总人口：同盟国约1.44亿，协约国约6.65亿。可投入战争人数：同盟国约2500万，协约国3000万至4000万。全球制造业产量占比：同盟国19%，协约国28%。工业潜力：同盟国与协约国相比为1:1.5。这些数字对比，还没有算上美国。

假如在如此清晰不过的对比下，还能定下开战的决心，除了疯子，还会有谁这么干？据说，德皇威廉二世因战败而退位，为时太晚地读罢《孙子兵法》后长叹：“如果早几年读到此书，就不会有这样的结局了。”我想，他被深深震撼的，一定是开篇第一句话：“兵者，国之大事，死生之地，存亡之道，不可不察也。”

同盟国：鲜血与资本的劣势

尼尔·弗格森在《金钱关系》[6]一书中，以一种残酷诗意的口吻写道：“‘一战’的决定性因素除了鲜血的流淌，还有资本的流动，二者的意义同等重要。”对于任何一个国家来说，鲜血和资本，都是它的两种血液，也是国家进行战争的两种能力。前者是国家的战争资源动员能力：鲜血——人力资源是一切战争资源中的头号资源；后者是指国家的战争融资能力：资本——发钞、税收、举债，是国家支撑战争的重要手段。

在长达4年多的世界大战中，“战争的双方都面临着资源短缺的问题：已过度消耗的国家财政和物力，只为了在战役中获得暂时胜利的一方，必将在那旷日持久的冲突中吞食失败的苦果。它们已弹尽粮绝，它们的劳动力数量——特别是熟练工人的数量——大幅度锐减，罢工运动此起彼伏；它们供给士兵和平民的食物储备所剩无几；它们已在国内外债台高筑，超出了自身的承受能力。”[1]19 这意味在“鲜血和资本”两方面处于劣势的国家，注定在战争中也处于劣势，并且几乎不可能有获胜的希望。

尽管在第一次世界大战之前，德国的经济就已经取得了傲人的业绩。它的钢产量在1913年就超过了英国，它的国家收入已把自己的宿敌法国远远地甩在身后；它的电气工业总产值在1893～1913年间增长了整整28倍；并且在1913年这一年成为仅次于美国的全球第二大经济体。但是，这些成就并不足以抵消大英帝国的全部优势。此时，英国正在享受它在全世界的殖民地带来的丰厚利润，原有的工业体系足以支撑国内政治、经济和军事的需要。[2]169 更重要的是，工业经济的长足进步并不能弥补德国金融业这块致命的短板。这使德国与金融霸主英国相比，在战争融资方面，一开始就处于了下风口。

金融战几乎是与第一次世界大战呼啸的炮弹同时甚至更早些打响的。1914 年 7 月底，在战争爆发的前夜，“英格兰银行先下手为强，将贴现率从 3% 提高到 10%，吸引资金回流英伦诸岛。柏林当时还没有统一的贴现中心，资金立刻出现了恐慌。仅此一举，经验老到的英国人就让德意志帝国银行出现挤兑风潮，一个月减少存款 20%。”[2]171

面对此举，经验不足，实力亦不够的德国人的应对方式，可谓“简单而粗暴”：“先是回应以‘马克与黄金脱钩，停止兑付黄金’，随后又将 3 个月国债纳入货币体系，这等于事实上的增发货币。而在金本位时代宣布自己的货币与黄金脱钩，‘就等于断送了自己的贷款途径。’”[2]17 与德军在战争前期的表现相比，德国人在金融战中，毫无可圈可点之处，一直处于被动挨打的局面，不但没有还手之力，甚至连招架之功都逐渐丧失。

到这一年的 9 月，帝国已经不得不每半年发行一次“战争债券”。直到 4 年后战争结束，战争债券已累计发行 993 亿马克，比战争初期增长了整整 20 倍。但随着战争支出与借债规模的同步放大，尽管此时德国的黄金储备已达 870 吨，在美、俄、法之后居世界第 4 位，但这仍不足以支撑其信用使公众继续有意愿向政府提供长期贷款。

与此同时，德国向国外举债的水平也大幅下滑。相应的，德国债券比英法债券的价格也低了 10% 左右。这一差价反映出德国债券在购债人心目中明显的风险，使德国不得不提高利息，以拉大德国债券与英法债券的利差，来吸引债权人的青睐，但这仍然甚至愈加无法挽回德国人在战争融资方面的颓势。在整个战争期间，德国的外债规模总额尽管也达到了 80 亿金马克之巨，但相比英国人从美国那里借到的 170 亿美元的资金来说，只能算小巫见大巫。这一状态持续到1917 年，这一年，协约国从美国拿到的授信额度是23 亿美元，而同期德国人仅仅获得了可怜的 2700 万马克的海外借款。

战争融资能力的每况愈下，严重地制约了德国的战争能力，使其在战争初中期获得的部分优势和胜利，随着战争的旷日持久而一点点丧失殆尽。

尽管直到此时德皇威廉二世仍一口咬定：“最先破产完蛋的肯定是俄国人。”但德国被战争损耗得难以为继的定力，已经逃不过像罗斯柴尔德这样的世界级金融寡头的锐眼。他在私信中谈道：“德国政府很拮据。”并且他对“德国向国外资本市场兜售债券印象深刻”。[1]112 从某种程度上说，金融资本家对某一投资国的向背取舍，是资本流向的晴雨表，从而也就是战争最后胜负的风向标。

但德国人的厄运并不仅限于战争融资领域。英国人对德国展开的金融战是全面的，几乎不留死角。自日德兰海战，英国皇家舰队对德意志帝国海军取得决定性胜利之后，英国海军对德国的封锁就变成了协约国对德国及同盟国贸易战的一部分。英国人甚至连美国对中立国的贸易船只也不放过，统统予以截留，迫使美国不得不为了自身安全而只与协约国做生意。从而使“协约国的（在贸易方面）优势继续领先于同盟国，使后者无法从已经变成敌方的中立国进口物资。毫无疑问，英国海军对德国海上贸易展开的打击造成了相当严重的经济崩溃局面”，“到 1915 年，德国的进口水平已降到战前的 55%”。[1]158

对德国人来说，协约国更狠毒的一招，是“德国人持有的 9.8 亿～13.7 亿英镑的海外投资，被英、法、俄包括后来加入的美国将其中至少 60% 进行了查处和没收。德国航运领域受到的打击尤为剧烈。通过击沉和充公，德国人丧失了 629 艘商船，总吨位达 230 万英吨。德国人通过兜售外国证券筹措了高达 1.47 亿英镑的资金。为了给支付赤字付账，德国不得不销售高达 4800 万英镑的纯金，并从外国供应商那里进行短期私人借贷”。

战争打到这一步，就已经不是败象初露，而是败象尽显了。但直到战争结束，德皇威廉二世也没有弄明白，不是你的工业化程度，也不是你的生产能力，而是你的战争融资能力决定你的战争胜败。从某种意义上说，你的战争融资能力，就是你的战争能力。你手中能弄到多少钱，将决定你能打多大规模、多长时间、多强烈度的战争。这几乎就是现代战争的铁律。

协约国：从债权国沦落为债务国

与以德国为首的同盟国相比，英、法、俄组成的协约国阵营，在人力、物力诸方面，都拥有巨大的资源优势。但一场越打越失去目标，打到后来，胜利就是一切的持久消耗战，是任何一个国家都无法承受的，因为，没有一个国家的资源是无限的，同盟国如此，协约国也如此。特别是当交战双方把军事战争打成消耗战的同时，也把贸易战、金融战打成了消耗战，就更是如此。

越打越滥的战争，无情地压榨着同盟国，也同样无情地压榨着协约国。以英国为首的协约国，虽然成功地压制了同盟国的战争融资能力，使其借债无门，从而从根本上打击了对手持续进行战争的能力，但其自身有效的战争融资能力，却最终让自己债台高筑，就这样，为了那个迟迟不来的胜利，一个个债权国沦落为一个个债务国。

为了应对日渐临近的大战，1913 年，法国未雨绸缪，借债额达到了国家收入的 86%。同年，俄国的公共负债总额也急剧攀升，从 44 亿卢布增长到 88 亿卢布，整整翻了一番。而英国的国债则在同

期比其他欧陆国家都要高，是其公共税收的 10 倍之多。[1] 104

战争对于经济的恶化，总是从金融开始。因为金融是经济生活最敏感的温度计。在距战争不到一个星期之际，金融温度计的水银柱已经开始爬升：

“7 月 27 日，俄国中央银行就已经被迫终止黄金兑换。”在为了防止战争导致黄金外流方面，协约国与同盟国一样拿不出更好的办法。这一在战时暂时中止金本位制的短期行为，其结果就是使其在战后也未能真正得到恢复，直到被美国人在 1971 年 8 月 15 日彻底废止。英国人虽然没有马上宣布终止黄金兑付，但“当英格兰银行 7 月 31 日试图通过将基本利率翻倍至 8% 来免受相同命运时，次日该数字又上涨了 2%，直接导致市场瘫痪。为了避免彻底内爆，证券交易所不得不于 31 日停业。柏林和巴黎也出现了相同情况”。法国则在同一时间更陷入了“收税情况严重恶化，这种局面一直持续到战争爆发前夕”。[1] 158

环球同此凉热，覆巢之下岂有完卵？在影响正常经济生活方面，战争对于交战双方来说都是公平的。

如果说战前的金融波动主要是由于恐慌所致，但当战争残酷地迎面走来时，它脱缰野马一般的耗费，对于参战国经济和金融无止境的索求，就成了谁也无法回避的现实。

仅以法国为例。“战争所需的庞大的军事费用，使法国在 1914 年度的财政预算赤字高达 55 亿多法郎。”为此，法国政府除了加速开动印钞机，已别无选择。“法国的货币流通量不断增加，在 1914 年第 4 季度，信用流通量竟然高达 96 亿多法郎。”其结果只能是“国库亏空，入不敷出”。[5] 104

看不到尽头的绞肉机式的战争，把一个个国家拖进了债务的深渊。除了还远在大洋彼岸隔岸观火的美国，所有投身这场战争的国家都不得不被迫吞咽下负债累累的苦果。

“截至 1917 年，俄国外债额达 8.24 亿英镑，意大利和法国净外债额同样巨大。截至 1919 年，英国向英联邦自治领和战时的盟国提供贷款共计 18 亿英镑，相当于国内生产总值的 32%，并向美国和其他国家借贷 13 亿英镑（相当于国内生产总值的 22%）。”[6]279 这意味着所有国家不但要背负起债务国的重负，还要无一例外地让自己的国家和国民承受严重通货膨胀的啃噬和煎熬。更有讽刺意味的是，战争经常出现的“伤敌一万，自损八千”的情况，在第一次世界大战的战场内外都展示得淋漓尽致。无论是战胜国还是战败国，会发现双方在这场战争中付出的代价几乎是相等的：双方都站在了战争的废墟上。而这还不是参战国付出的最后代价。最后的代价是，几乎所有参战的帝国君主都因这场战争而垮台。

古典帝国的时代，在欧洲结束了。

只有置身事外的美国是“例外”。这时的美国“是净债权国。债权额达 70 亿英镑，约占其国内生产总值的 9%”。[6]279 要知道，不过 4 年前，美国还是世界上最大的债务国。

战争是国际关系最大的颠覆者，当然，也就是债权与债务关系的颠覆者。

唯一的受益者只能是美国

当整个欧洲大陆变成了一个巨大的生命绞肉机和资本吞噬机时，美国人一直隔着大西洋冷眼旁观，并不急于下注。它只是把自己手中的钱——战争资源和资本——源源不断地借给那些输红了眼的赌徒们，就像不时把干柴投进灶膛中一样，以便使炉火烧得更旺。它一直在等待属于自己的机会。这个机会不像某些浅见的历史学家们以为的那样，是由于德国人疯狂的“无限制潜艇战”愚蠢地击沉了英国人的“卢西塔尼亚”号，也不是德国外长齐默曼犯了一个激怒美国统治者和全体国民的致命错误。

这些历史学家断言，这两个事件导致了一直保持中立的美国人倒向了协约国一边。这是对精于战略盘算的美国人的低估。如果说，这也算是美国参战的原因的话，那只不过是美国人投身这场毁灭欧洲的战争的借口。对美国人来说，即使没有这些事件，照样可以找到其他合适的借口。美国人一开始就知道，加入到这场战争中去是迟早的事，它要做的，只是看好何时加入。这是个时机问题，但这个时机和时间无关，它只取决于一个条件——那就是什么时候，整个欧洲燃烧到油尽灯枯？只有这时，美国人想要的时机才会成熟。因为美国人真正想要的，是权力从欧洲那些老牌帝国，确切地说，是从世界霸主英国人的手中，向美国转移，而不是仅仅通过发战争财，获得目光短浅的商业利益。“美国驻英大使佩奇给总统顾问爱德华·豪斯的信中说：‘差不多全体欧洲国家都要破产……整个世界的前途会落在我们手中。’”[7]146

为这一刻——击垮英国，美国人已经等了很久。但美国人先要击垮的对手，却是德国。从德国人在19世纪末叶，其经济实力超过英法，成为世界老二并直追美国，甚至开战前一年，在国际市场中所占份额达21%、超过美国的17%之后，[7]148美国人就大吃一惊地坚定了必须打垮这个霸权竞争者的决心，为此，美国只能选择站在自己迟早要取而代之的英国及其协约国一边。但为什么要在战争打到第4年，美国才丢掉“中立”的面具，决定参战？原因不言而喻：美国需要德国这个帝国的后起之秀，倾尽初生之犊的蛮力，消耗英国。而为了使年迈的狮王能够支撑得更久一些（同时也就消耗得更狠一些），美国这个战前的债务国，慷慨地向自己从前的债权人敞开钱包，先后分别借给英国47亿，法国40亿美元，[8]627开始扮演“战争的最后借贷人”角色。历史证明，谁能扮演这个角色，谁就将是战争最后的胜利者。

扮演这一角色的好处，在美国人还未投身战争之前，就已经充分显现了出来：“美国从战前的债务国一跃而上升为世界最大的债权国，同时也成了世界上最大的资本输出国。”“它不仅回收了交战双方在美国的有价值股权，而且增加发行了巨额债权的数量，加快资本输出的速度。到了第一次世界大战结束时的 1919 年，美国在国外的总投资额高达 70 多亿美元，协约国向美国的借贷也高达 100 亿美元。”与此相应，美国的黄金储备也在迅速增加，占世界黄金储备量的 40%。”从此，“国际金融中心也逐渐偏离伦敦，开始向纽约转”。[5]105

“美国总统伍德罗·威尔逊无法抑制心中的兴奋，说道：‘在当今世界金融领域和商业领域，美国所占的地位和必须占有的地位，所取得的成就，都是以前我们不敢想象的。’”[5]105 显然，对于这位学历最高（博士学位）的美国总统来说，胜利好像来得太快，也太容易了些。

此时，远在大洋彼岸苦战的英国人，心情就不会有威尔逊总统这般轻松了。因为德国人又重新恢复了“无限制潜艇战”。“英国大量战舰、商船被击沉。战争形势开始朝着有利于同盟国方面转变。以英国为首的协约国有战败风险，并且英国的金融形势已经开始出现崩溃的迹象。因此，威尔逊认为，从保护债务国的角度看，美国应该立即对同盟国宣战。”[7]148

这是威尔逊总统说服国会授权美国参战的最好理由。但从总统本人到那些支持美国参战的议员们，都在肚子里揣着另一个更能说服自己的理由：老牌帝国英国倒下，已是指日可待的事情，新兴帝国德国，才是与美国争夺霸权的强劲对手。所以，必须赶在它击败英国、成为新的欧洲霸主之前，击败它。这样在战争结束之后，将不会再有任何一个国家，阻碍美国登上英国人曾经坐了百年的王座。

而恰在此时，德国人击沉了英国商船“卢西塔尼亚”号，造成美国公民的死亡，接着又从英国情报机构“及时地”传出了德国外长齐默曼秘密致电德国驻墨西哥大使，授意他策动墨西哥政府向美国提出领土要求，并建议德墨结成抗美联盟这一足以激怒全体美国人的消息。一切都来得恰到好处，正应了中国人的一句俗语：想睡觉就有人给你递枕头。最后，德国潜艇又干了一件蠢事：击沉美国军舰“豪萨顿尼克”号。德国终于把美国人拖进了对自己的战争。

1917 年 6 月 27 日，由潘兴将军统率的美国远征军，登上了欧洲大陆，虽然这支临时拼凑起来的军团远谈不上强大，但已足以使战争的天平，由于压上了美国这只巨大砝码，毫无悬念地向协约国一方倾斜。

这样的结局，虽然早在开战之前就已注定，但却足足打了四年零三个月，耗尽了几乎所有参战国的人力物力，才见分晓。对于自认为“是上帝的特选子民”“白人至上”的欧洲人来说，真是莫大的讽刺。但对于悲催的欧洲人来说，其厄运并没有到此就画上句号。第一次世界大战的结束，用法国元帅福煦那句意味深长的话来说，“这不是和平，只不过是 20 年的休战”。

果然，整整 20 年后，第二次世界大战爆发。这场战争尽管规模、时长、损耗和惨烈程度，都远远超过了“一战”，但从某种意义上说，却只是第一次世界大战“跳空高开”后的“缺口回补”。用我一位朋友的话说，就是“把‘一战’没打完的仗全打完了”。因为第一次世界大战的结果，并未能让觊觎王座的美国人如愿以偿——彻底实现“权力转移”。大英帝国虽然摇摇欲坠，但仍坐在王座上不肯对新贵美国屈尊俯就。被“凡尔赛和约”高达 1320 亿金马克的战争赔款逼红了眼的德国人，也在把复仇的牙齿咬得咯咯作响。如此一来，第二次世界大战爆发，就是迟早的事情了。

福煦一语成谶。在这种情形下，美国人显示出来的战略耐心与它的战略谋算一样深沉老到。直到20年后，欧洲通过下一场战争，把新老帝国间所有的积怨，也把他们所有的财富，连同欧洲人引以为傲的古典文明，一齐打光打尽，才心有不甘却又无奈地拱手向美国人交出世界霸主的权杖：至此，由大英帝国推进的贸易文明为标志的第一轮全球化结束了，而由美国人推进的金融文明为标志的第二轮全球化，还要等到第二次世界大战结束后的四分之一个世纪，才拉开大幕。

金融殖民

纸币的历史逻辑和轨迹

1960年，美国经济学家罗伯特·特里芬在其《黄金与美元危机—自由兑换的未来》一书中提出："由于美元与黄金挂钩，而其他国家的货币与美元挂钩，美元虽然取得了国际核心货币的地位，但是各国为了发展国际贸易，必须用美元作为结算与储备货币，这样就会导致流出美国的货币在海外不断沉淀，对美国来说就会发生长期贸易逆差；而美元作为国际货币核心的前提是必须保持美元币值稳定与坚挺，这又要求美国必须是一个长期贸易顺差国。这两个要求互相矛盾，因此是一个悖论。"那么，美国是如何解决这个悖论的呢？

金融殖民：纸币的历史逻辑和轨迹

1960年，美国经济学家罗伯特·特里芬在其《黄金与美元危机——自由兑换的未来》一书中提出："由于美元与黄金挂钩，而其他国家的货币与美元挂钩，美元虽然取得了国际核心货币的地位，但是各国为了发展国际贸易，必须用美元作为结算与储备货币，这样就会导致流出美国的货币在海外不断沉淀，对美国来说就会发生长期贸易逆差；而美元作为国际货币核心的前提是必须保持美元币值稳定与坚挺，这又要求美国必须是一个长期贸易顺差国。这两个要求互相矛盾，因此是一个悖论。"那么，美国是如何解决这个悖论的呢？

美国历史上唯一一个突破美国宪法限制，连续干过四届美国总统的富兰克林·罗斯福，应该说是20世纪美国最重要的政治家。他的重要之处在于他的影响已经超出20世纪，甚至到了现在，美国和世界也还生活在他的影响中。比如说联合国，又比如说关贸总协定（即后来的世界贸易组织），就是在他的主导下创立的。

更重要的还有"布雷顿森林体系"。1944年7月，在美国新罕布什尔州的一个叫作布雷顿森林的小镇上，盟国的财政部长、央行行长和少量经济学家云集在一起，经过以约翰·梅纳德·凯恩斯为代表的英镑势力与以亨利·迪克特·怀特为代表的美元势力的几番较量，其间有大量的激烈争吵，讨价还价，最终“王车易位”，推出了一个新的世界货币体系，这就是“布雷顿森林体系”。它的内容实质用一句话就可以讲清楚：全世界的货币锁定美元，而美元锁定黄金。美国政府向全世界承诺，每35美元兑换一盎司黄金。这时候的美国可以说是志得意满，因为此时的美国拥有无人可及的黄金储备，全球80%的黄金都捏在美国人手里，与此同时，美国还拥有世界上最强大的生产能力和军事机器。

通过“布雷顿森林体系”，美国人以为就此确立了美元的霸权地位。但，人无千日好，花无百日红，美国人很快就发现这是个有着致命缺陷的体系：因为既作为主权货币又作为国际结算货币，使美元一开始便处在了一仆二主的尴尬境地。更要命的是，如果担负起向各国提供国际货币的责任，美国人的国际收支就不可避免地处于赤字状态，而一国经济如果长久处在赤字状态，谁还会对它的货币保持信心？这就构成了著名的“特里芬难题”，这一难题困扰了美国人大半个世纪。而真正让“布雷顿森林体系”难以为继的，是美国人连打了两场本不该打的战争。

新殖民主义：“绿纸”换实物

在朝鲜战场上铩羽而归的美国人并没有接受那场战争的教训，1961年，再次远涉重洋，卷入了越南战争。在越南打了将近14年的仗，到1975年结束仓皇撤离西贡时，美国人一共被击落上万架飞机（也有说是8000余架），丢掉了5.8万名官兵的生命，最后却一无所获！这场战争打掉了美国8000亿（也有数据显示是6860亿）美元，相当于现在3万亿美元。与此同时，被“马歇尔计划”扶持起来的欧洲，却开始了强劲的经济复苏和增长。更多的美元流到了欧洲，这也意味着美国人手中的黄金在相应地流失。特别是当欧洲人看到美国的巨额赤字而对美元缺乏信任感时，要求把美元兑换成黄金的呼声也就逐渐高涨。如此一来，戴高乐总统要求把法国手中的美元换成黄金。相对应的，美国的黄金储备日渐减少，到1971年这场战争还没有结束，美国已经是捉襟见肘，钱不够花了。而那时的美国人却不能像今天应对金融危机这样，实行“货币宽松政策”，打开印钞机狂印美元。因为，有“布雷顿森林体系”横在那里，美国人不能随心所欲，没有足够多的黄金就不能印足够多的美元。因为你对全世界有承诺，你是全世界的基准货币，你必须保持美元的稳定。美国陷入了空前的窘境。

战争还在继续进行，黄金储备日渐减少，多印美元没有可能，美国人思来想去，没别的办法，只能失信于世人了。

1971年8月15日，当时的美国总统尼克松宣布：美元与黄金脱钩。关闭黄金窗口，这一失信之举意味着美国可以不受黄金的羁绊，随心所欲地向全球释放流动性，也就是随意加印美元了。起码从理论上说，想印多少就可以印多少！由此，人类社会真正进入纯粹纸币也就是信用货币时代。想想看，信用货币时代是从发币者失信于世人开始，真可谓充满讽刺意味。但是美国人并非傻瓜，还不至于傻到以为光印钞票就能解决问题。美国人当然懂得，超量印钞就是自掘坟墓。当你自已把自己的货币贬得一文不值时，你的国家信用就会崩溃。于是美国政府就出钱让人去做一个专项研究，看看美元跟黄金脱钩后，究竟对美国有什么影响，对世界经济又会有什么影响。半年后，迈克尔·赫德森①的研究报告《黄金非货币化的影响》出炉。这位有良知的年轻经济学家，在报告中提醒美国政府，美元跟黄金脱钩，在短时间内对美国有好处，因为美国可以在全世界还

① 迈克尔·赫德森，美国经济学家，1972年为美国政府提供了《黄金非货币化的影响》的报告，对美国推动以美元为核心的全球金融体系产生了深远影响。

没回过神来时多印钞票，用没有黄金背书的纸币去占全世界的便宜。但长期看，这对美国和全世界都绝不是什么好事，尤其对美国，无疑是饮鸩止渴。

美国政府的官员们看到这份报告作何感想？按迈克尔·赫德森的形容，欣喜若狂！这些官员们认为，既然短期对美国有好处，为什么不能把它变成长期对美国有好处的事情呢？于是美国政府真的就这么做了。从此这一做法就成了美国政府施行长达40年的基本国策，成了一种刻意的制度安排，其证据就是在过去的40多年里，除了克林顿任内美国的国际收支出现过一两年顺差外，其他的40来年，美国一直处于逆差状态。是美国人没有能力扭转这一局面吗？完全不是，是美国人根本就不想扭转。因为逆差是美国输出美元的自然结果，也是输出美元的必然代价。只有逆差才能让美国用手中的绿纸去换取全球的实物财富，而这正是美国政府为何甘于让自己的经济处于逆差状态的秘密。所以，后来的小布什政府的副总统切尼，才会不无得意地宣称："逆差不是问题，赤字也不是问题。"[①]让美国人匪夷所思的是，全世界居然默认并接受了美国政府这一做法！如此一来，美国金融霸权体系在美元与黄金脱钩后，非但没有动摇，反而得以继续维系并得到了加强。为什么？因为当时美国超强的经济、科技和军事力量。这三根支柱支撑住了美国政府和美元的信用。更因为美国政府在其后爆发的第四次中东战争中，不失时机地将美元与全球的石油贸易挂钩，使美元得以成为全球最大宗商品贸易的唯一结算货币，从而一举奠定没有黄金背书的纸币——美元的货币霸主地位。此后，美国已经先后轮换过七任总统，无论是共和党还是民主党上台，各种政治主张轮番出台，唯独对这一基本国策心领

① 这些描述出自美籍华人经济学家廖子光的《金融战争》(中央编译出版社，2008年4月)一书。廖是第一位将迈克尔·赫德森这位因富有良知而被美国主流经济学家排斥的经济学家，介绍给中国读者的人。

神会，心照不宣，从未改弦更张。

毫不夸张地说，这一可以称之为美国金融大战略的设计，是美国最大最高最核心的国家秘密。因为这一隐在一切经济和金融教科书背后的美国金融国策，你永远不可能在任何一本书里看到，而只能想象和猜测，每当美国出现权力交接时，现任总统在把控制核按钮的手提箱交给下任总统的时候，他也一定会把美国的金融国策告知继任者，告诉他为什么美国只需要生产美元，而全世界却必须生产用美元购买的产品；告诉他什么是真正的国际大分工，什么是真正的全球化！而这一切，正是从 1971 年开始，从那位最被美国人诟病的总统尼克松开始。就此角度来说，美国人真应该深深感念这位被他们弹劾下台的总统先生。

因为美元与黄金脱钩，又与石油挂钩，也是在这位总统手中完成的。尼克松和美联储的高官明白，仅仅靠美国自身的实力，别人不买账怎么办？最好的办法，就是让美元与世界上最重要的大宗商品挂钩，让美元这艘大船在摘掉黄金之锚后，尽快找到另一只大锚，才能确保美元地位稳如磐石。机会很快就来了。1973 年的 10 月 6 日，第四次中东战争爆发。一开始，埃及人和叙利亚人两线出击，打了以色列一个措手不及，但不久后战况逆转，以色列反占了上风。

一场旗开得胜的战争最终以被迫停战告终，这让阿拉伯世界非常郁闷。坐拥石油的中东富油国仍一致决定，在战场上得不到的东西，就从油井中夺回来。于是，他们决定用石油作武器，利用自己可以掌控的欧佩克——国际石油输出国组织抬高油价打击西方。这个办法果然比战争来得更有效，国际油价很快从 3.01 美元一桶，飙升至 11.56 美元一桶。很快，西方就承受不住了。

这时，美国时任财政部长西蒙受命秘密地飞到利雅得，去见沙特的石油大臣，也是首任欧佩克秘书长，告诉他：你们想把油价抬多高我们不管，但是要想不让美国人与你们为敌，你们必须接受一个条件，就是全球的石油交易用美元结算。[①]这位沙特的石油大臣与整个世界一样，对美国人这一着棋的深远机心未过多考虑，就一口答应了美国人的要求，从此，全世界的石油交易与美元挂钩，而美元的信用也就在此后40年里，牢牢地与全球的能源需求挂上了钩。

走到这一步，美国人设计出的这个新型帝国渐渐开始显现出轮廓，这就是人类帝国史上从未出现过的金融殖民帝国。美国人发现，比起当年德国人虎口夺食去争取一个国家的生存空间这种愚蠢做法，更高明的办法，应该是通过貌似几千年来人类的公平交易——“一手交钱一手交货”的方式让世人几乎觉察不到用“绿纸换实物”有何不妥，乖乖地让他们把手中财富交出来，而这种“文明的劫掠”又不会像历史上的“强权劫掠”那样制造仇恨。要达到此目的，没有比金融殖民更好的办法了，这办法可以把全世界都纳入美国的金融体系中，然后，像拧开自来水龙头一样让实物财富滚滚流入美国。

就这样，在过去的半个多世纪里，美国完成了一个制造业大国向金融业大国的转型，它已经彻底改变了自己的生存及生活方式。了解了这一点，我们就不难了解美国的国家战略。因为任何一个国家，包括中国在内，它的国家战略一定是围绕它的生存方式展开。按西方的说法，中国目前的生存方式就是世界加工厂。要做世界加工厂你就需要获得资源，获得能源，然后生产出产品。你的国家战略也要围绕这一切展开。而美国人不是这样，美国人只要开动印钞机就可以生存，因为此时的美元已成为唯有美国人可以生产的“特殊商品”，而且是全世界必须持有的特殊商品。因为全世界都需要石油，而获得石油就必须先获得美元。这真是有史以来所有帝国最成功的战略设计。这无论如何不能解释为全球经济发展的必然，这也不是所谓“全球化”的必然结果。因为事实很清楚：先有美元与

① 对这一交易的记述最初见于廖子光先生的《金融战争》一书，后来，在基辛格博士的《中东日记》一书中得到有趣的印证。

石油挂钩，后有的“全球化”。也就是说，所谓的“全球经济一体化”，是“美元全球化”的结果，而不是原因。为此，美国在过去40年里逐渐围绕美元完善了自己的一整套生存体系，我们不妨把它叫作战略金融体系。

经济全球化的本质是美元的全球化

有了这个大战略目标，美国需要推进全球经济的变化，以适应美国的胃口。首先要完成的是全球产业大分工，即所谓的全球化。为了造势，更为了让美国式的全球化得到地球人的普遍认同，必须有一种理论为其摇旗呐喊，这直接导致美国人摈弃了凯恩斯，选择了米德尔顿·弗里德曼的自由市场经济理论，把它作为一种先导性理论，为美国主导的全球化开道。要使全球产业大分工看上去合情合理，完全合乎经济规律，美国人用比较优势理论把全世界分成了两块，一块是美国，美国人认为它的优势就在于生产美元；另一块是全世界。全世界的优势在哪儿呢？比如中国，你的比较优势就在于你有大量的廉价劳动力。你的发展就只能借助这一优势。这理由简直让你心服口服，通过比较优势理论，美国就永远处在了全球经济食物链的顶端，而像中国这样拥有大量廉价劳动力的国家，就别无选择地只能发展劳动力密集型产业，不可改变地永远居于整个经济食物链的底部，其他国家以此类推，全球产业大分工就这样完成了。

由美国人作为一方，全世界作为另一方。由美国人负责生产美元，而全世界负责生产用美元交换的产品，这就是美国人主导的全球产业大分工的本质，从此，全球化浪潮席卷全球。

就此意义上说，比较优势理论就是让新兴经济国家“认命”——

安于为人做嫁衣的理论。

当这样一种对应关系形成之后，在美国和全世界之间会出现什么情况呢？

美国用自己的金融体系，把全世界与美国紧紧捆绑在一起，这种由美国向世界输出美元，而世界向美国提供产品的交易模式，其结果就是全球财富快速向美国集中，这也就是美国在1990年前的200多年里，GDP最高时才不过达到7万亿美元，而在最近的短短20年里，GDP居然翻了一番还多，达到接近18万亿的根本原因。这其中有多少是新兴国家尤其是“中国制造”为美国GDP作出的贡献？没有一个美国的经济学家指出过这一点，美国的政府官员更是绝口不提，反倒一味地指责中国连续多年对美贸易顺差，占了美国的便宜。这完全是得了便宜还卖乖。远的不说，仅以2011年中美贸易为例，中国对美出口总额4334亿美元。这其中多为衬衣、玩具之类的中低端产品，其价格均在两美元至几美元不等。而美国人把它们往自己的货架上一摆，都会加价十几到几十美元售出。如此一来，中国对美国的4000多亿美元的出口，就会为这一年的美国经济创造数万亿美元的GDP！问题是，在全球人都羡慕美国的富有时，有谁算过这笔账呢？当然，美国人比全世界都清楚，如此惊人的GDP，如此庞大的财富是怎么获得的。

有人或许会说，这不是剥削，也不是掠夺，这是市场经济。因为这是一手交钱一手交货的“周瑜打黄盖”式的公平交易，起码是新兴国家为了自身的发展，必须付出的代价。但明眼人却分明可以看出，美国人正是在市场经济的大旗下，通过向全世界输出美元，建立起了一个隐形的金融殖民帝国。这个帝国不需要领土扩张，也不需要明目张胆地掠夺和奴役，就可以尽享他人的实物财富。一些善良的中国知识分子为美国辩护，称美国是个主持正义、主张民主的国家，理由就是它从来不占领别国一寸领土。这从表面上看很有说服力。但用美元占领别国难道不是一种成本更低、更廉价的占领？廉价到几乎连统治成本都不用付出。只要美元在该国流通，只要你需要美元、需要外汇储备，它就可以通过美元占领你的国家。它也不用直接掠夺你的资源，但它用几乎没有成本的一张绿纸，从你手里拿走真金白银的实物财富，这和历史上那些帝国的掠夺有什么区别？它也的确没有像老殖民主义者那样直接逼迫中国人去做苦力，但它把这件事交给郭台铭的"富士康"去干，让他组织中国工人拿最低的工资干最暴利的工作。乔布斯的一个构想，变成产品后，每一件可以为苹果公司带来2000元人民币的收益，却消耗的是中国的资源，污染的是中国的环境，攫取的是中国人的劳动，而生产方最后只能从每件苹果产品中拿到200元人民币，这其中还包括郭台铭的利润。想想看，这个金融帝国从设计到运作多么巧妙，巧妙到美国人都不好意思承认它是帝国，但它的确是帝国，而且是人类历史上从来没有过的金融帝国。

金融魔杖

美国的国家生存方式

任美联储主席的格林斯潘就职当天，就告诫他的同僚：在这里（美联储）你们可以谈论一切，就是不许谈论美元。这是禁忌，美国人对这一关乎美国国家生存的话题讳莫如深。

所以，要了解美国的国家战略，最好不要听美国人说什么，而是要了解美国的生存方式。美国人会告诉你许许多多它的国家战略构想，而所有这些战略构想的背后，只有一个目的，那就是维护美国在这个世界上的霸权地位。那么，美国人极力要维护霸权又是为了什么？答案也只有一个：为了延续美国作为世界上唯一超级大国的国家生存方式。

金融魔杖：美国的国家生存方式

曾任美联储主席的格林斯潘就职当天，就告诫他的同僚：在这里（美联储）你们可以谈论一切，就是不许谈论美元。这是禁忌，美国人对这一关乎美国国家生存的话题讳莫如深。

所以，要了解美国的国家战略，最好不要听美国人说什么，而是要了解美国的生存方式。美国人会告诉你许许多多它的国家战略构想，而所有这些战略构想的背后，只有一个目的，那就是维护美国在这个世界上的霸权地位。那么，美国人极力要维护霸权又是为了什么？答案也只有一个：为了延续美国作为世界上唯一超级大国的国家生存方式。

美元与黄金脱钩，到现在已整整45年，美国在全世界推广了一场堪称“完美风暴”的运动——全球化，在纸币美元基础上建起了一个史无前例的金融帝国。这一帝国的触须伸向地球各个角落，远超过当年大英帝国引以为豪的“日不落”，让美元像星条旗一样在全球每个角落随风飘扬，机械般上演同一个来复式动作：美元流向世界，财富流向美国。

为了使这种绿纸换财富的游戏，看上去更像是一波接一波的经济自由化浪潮的结果，而不是少数美国人精心构织的深刻影响20世纪后半叶人类发展进程的金融大战略的产物，这些美国人从未在他们公开的国家战略中谈论过这个话题。据说，曾任美联储主席的格林斯潘就职当天，就告诫他的同僚：在这里（美联储）你们可以谈论一切，就是不许谈论美元。这是禁忌，美国人对这一关乎美国国家生存的话题讳莫如深。

了解美国的国家战略，必须先了解美国的国家生存方式。

所以，要了解美国的国家战略，最好不要听美国人说什么。美国人会告诉你许许多多它的国家战略构想，而所有这些战略构想的背后，只有一个目的，那就是维护美国在这个世界上的霸权地位。那么，美国人极力要维护它的霸权又是为了什么？答案也只有一个：为了延续美国作为世界上唯一超级大国的国家生存方式。因此，了解美国国家战略的最好办法，不是听美国人自己说什么，而是要了解美国的生存方式。

美国人在过去40年里，找到了一种在他们看来是最好的，也最便捷的国家生存方式，那就是用金融手段从全球向美国转移财富。美国人发现自己可以不用生产其他的产品，只生产一样东西就可以致富，就可以过得比世上所有人都好，这个方式就是印刷美元。美国人可以用生产美元来过好日子，就此意义上说，美国人最基本的生存方式就是金融生存。

了解了这一点，我们就可以懂得，为什么在过去的40年里，美国把它所谓的垃圾产业、夕阳产业纷纷转移到其他国家，转移到新兴国家包括中国，而让它自己70%的就业人口从事金融和金融服务业。

中国人喜欢说，“冰冻三尺，非一日之寒”。历史的演进，总有其必然的逻辑和轨迹可寻。1956年，在人类经济发展史上，发生了一件很少被人们提及但却不能不说的重要的事情：美国白领人数第一次超出了蓝领。这意味着美国的物质生产可以基本上满足需求，服务业开始占据经济生活的主导地位，也标志着美国进入了后工业化时代。但此时美国人并没有预见到，有一种全新的经济形态正在前面等着他们，这就是“虚拟经济”。这个时候美国还没有意识到它即将迎来一个崭新时代。尽管它对美元霸权会给美国带来什么已经认识得非常清楚。

此后仅仅过了不到半个世纪，美国人就把美元和信息技术媾和的“虚拟经济”玩到了极致，极大地拉开了与“实物经济”的落差。跨进21世纪的门槛时，全球年GDP不过46万亿美元，年贸易总额也不过是7万亿美元，而金融交易额却已高达700万亿美元，两者相差100倍。时至今日，全球实物经济GDP总额也不过70多万亿，而金融交易额已达到2000万亿！在这一点上，信息网络技术的迅猛发展起到了至关重要的作用，极大地刺激和催发了虚拟经济的突飞猛进。这种情况，最大的获利者将会是谁？当然是美国。虚拟经济使美国人财富暴增，从20世纪90年代开始，美国一度创造了连续100多个月的经济繁荣。财富的剧增，美国的劳动力成本也必然抬高，这一变化又引发了另外一个结果，就是其制造业（主要是中低端制造业）开始向其他的国家转移，比如说向中国转移，从而造成美国产业的空心化，直接从事物质生产的人口越来越少。

在这种情况下，美国和其他国家将是一种什么样的关系？也许没有一种经济学意义上的概括，能比“黄世仁”和“杨白劳”这两个中国歌剧人物的故事，更能准确地反映这种关系，那就是双向的黄世仁和杨白劳的关系！这是迄今为止任何经济学家和经济学教科书都不曾遇到或解释过的新型经济关系：一方面，美国在扮演黄世仁的角色——用其手中的美元盘剥其他国家（杨白劳）；另一方面，美国又同时扮演杨白劳的角色，从其他国家借债度日，成为全球最大的债务人。这种双向双重的经济角色，是人类经济史上的旷古奇观，因而也造成了一个一切经济理论都无法解释的现象。这一现象意味着美国人手中的钱并不都是美国人自己的钱，但全世界的很大一部分财富却实实在在成了美国的财富。美国用借到的钱去投资并购买它转移到别国的生产线所生产的产品，然后促进美国生活的繁荣。如此一来，美国人要想保持自己经济的繁荣就必须让更多国际资本回流美国。而要让国际资本源源不断流入美国，就必须保持美元的霸权地位，这是保持美国强大和繁荣的权力之源。这其中的道理可能远比我的描述更为复杂，而对于大多数非专业人士来说，只需懂得“保持美元霸权，就是保持美国生活方式——从它引以为傲的民主政治到经济繁荣——的前提和支柱”这一点，就足够了。对美国来说，这就是它的核心利益，是它的生命线。

美元指数周期律：“过山车”与“剪羊毛”原理

美元是金融帝国最主要的获利工具。既然是货币，就会随着它不同时期的发钞量，形成或升或贬的指数周期，有周期就会有强弱曲线。从 1971 年 8 月 15 日，美元与黄金脱钩之后，美元指数开始确立，但人们要在很长时间后才会发现美元指数周期律的可怕。可以想象，美元挣脱了黄金的束缚，等于获得了无限释放流动性也就是无限印刷货币的权力。事实也的确如此，美国人在脱离黄金羁绊后的最初一段时间里，不失时机地印刷了大量美元。大量美元印出来，向全世界释放流动性的同时，不可避免地导致美元指数走低，这一过程如同美国人打开泄洪闸放水，而把其他国家作为美元泄洪区。对于资本短缺的国家来说，美联储超额的流动性释放，可以让“久旱的土地”得到充分的“灌溉”。于是那些获得充分投资的国家经济状况开始好转，甚至出现“经济奇迹”。此时这些国家根本不会想到，为了让它们的经济繁荣转化为美国人的收益，美国人需要让这些国家新增的财富变成资本回到美国，去支持美国经济。这时美国人只需要做一件事，关闭泄洪闸，让美元的流通量减少。因为只要让美元的流通量收窄，就会让此前因大量释放流动性而走弱的美元重新走强。而更重要的是，此举将使那些欣欣向荣的经济地区因突然出现的流动性不足甚至枯竭而经济停滞，迫使投资人不得不撤出资本，去追捧此时更有吸引力、更高回报率的美国金融资产，从而对全球经济产生抽血效应。40 多年来，美国人在每次打开闸门向全球放水一段时间后，一般都会随之有一个降下闸门收窄流动性的过程。在开闸放水和关闸收水之间，就出现了美元指数的涨跌，呈现出一个波峰浪谷的美元周期律。

40 多年后，日本的岩本沙弓[①]女士首先发现了美元指数周期律，每次上涨 32 个月，然后进入下跌期，连续两个下跌期，一次下跌 65 个月。西安的戚燕杰博士用数学模型研究美元指数，也得出了和岩本沙弓的发现非常相似的结论。差不多与此同时，郑州的时寒冰博士也注意到了这个问题，他也认为这差不多已成为美元走势的一个规律。40 年间，美元指数每次长达 10 年左右的下跌周期结束以后，就会走出一个长达 6 年左右的上涨周期，这期间美国政府及美联储，会挥动利率这支金融魔杖，让全球经济像坐过山车一样，在先弱势美元后强势美元的浪谷波峰间俯冲跃升，而所有国家的经济命运，就在这种上下颠簸中被死死操控和掌握于代替了上帝那只看不见的手的美国人手中，直至每一次虚假繁荣之后，一个个泡沫破裂，各国经济深陷危机之时，就是美国人收获全球财富的季节到来之日。

此时的美联储会无一例外地趁机吹响加息的号角，让全球的投资人纷纷从危机地区撤资，让大量资本回到美国。早已产业空心化

---

① 岩本沙弓：日本著名的金融分析家、经济评论家，曾在日本、美国、加拿大、澳大利亚等国从事金融相关工作，对国际金融市场的结构及运作谙熟于心，曾荣获国际金融杂志《欧洲经理人》评选的“优秀个人经营者”称号。代表作品有《从汇率高低看世界金钱的大原则》《从汇票和股价看经济景气的大原则》等。

的美国，这时其经济主体是虚拟经济，所以，全球的资本流回美国后，大部分都进了美国的三市——证券市场、债务市场、期货市场，给美国带来一个大牛市。从1971年8月15日美元彻底变成一张绿纸后，这样的游戏已几度让美国人赚得盆满钵满。而每次当美国人赚够了钱，就会掉过头来杀个回马枪，去扫荡那些经济情况变坏的国家的优质资产。换句话说，美国人将挥起美元利剪，无情地剪去那些待宰羔羊身上丰厚的羊毛。

美元之祸 I：拉美金融危机

降息如放水，加息如关闸。一降一加之间，全球经济随之变脸。过去40年里，美联储欲取先予，欲擒故纵，五度放水（降息），五次关闸，让各国尝够了金融过山车的滋味，所有“受惠”于美元灌溉的国家，不论在美元泄洪期如何风光，一旦进入美元“关闸期”无不惨遭屠戮！其中最严重的，莫过于拉美金融危机和东南亚金融危机这两次（如果不算20世纪80年代末美国加息，使欧洲经济“失去5年”，日本经济失去20年的话）。第一次是1971年8月15日，美元与黄金脱钩后，美元第一次不受羁绊地向全世界开闸放水，向“泄洪区”提供了充足的流动性。拉美国家近水楼台，率先“受惠”，这在整个20世纪70年代促进了拉美经济发展，像阿根廷这样的国家人均GDP甚至一度摸到了发达国家的门槛。但是当70年代末80年代初，美国通货膨胀率高达13.5%，距离超级通胀只差一步之遥时，美联储决定收紧银根，减少货币供应量，把通胀从自己体内排挤出去。由此，美元指数下跌周期结束，美元开始走强，因为这时美国需要靠强势美元吸引国际资本回流，来支撑美国经济。这是美国人第一次玩这种金融魔术，其手法是：先向下游放水，接着再收窄水流，待哪个地方出现麻烦，投资人就会自动撤资，美联储再趁机加息，投资人就会垂涎美元资产的高回报率而从经济恶化的国家中蜂拥出逃，到美国追捧美国的债市、股市和期市。但这种情况一般不会自然出现，或者说，条件和要素不会“完美”呈现，但假如这个地区出现一次政治动荡或者军事冲突，形成地区性危机，情况就会大不相同，就会加速资本从这个地方抽逃。这就如同一壶开水烧到99摄氏度，还差1摄氏度才能烧开。地区性危机出现，就等于让水滚沸的最后1摄氏度。拉美金融危机就是这样，当拉美由于流动性不足初现金融危机的征兆后，资本一开始还只是慢慢地撤离，并没有大量的资本回流美国，这时，美国人最希望的，就是拉美国家的某位领导人犯错误，如果不犯错误的话，美国就会诱使他犯错误。

很不幸，随着国内经济状况的恶化，拉美国家的一些领导人果然开始犯错误了。阿根廷总统加尔铁里，就不失时机地用自己的错误，满足了美国人所需要的条件。作为一个将军，他建立并领导了军政府。在阿根廷经济还好的时候，大家对于军政府是可以忍受的，但在美元流动性收窄，拉美金融危机出现时，阿根廷经济也随之恶化。为了平息阿根廷人民的不满，加尔铁里决定用一次军事冒险转嫁危机，以转移民众的视线。他想到了马尔维纳斯，这座距阿根廷本土600多公里，被英国人统治了数百年的群岛，他决定打一仗把它收回来。

不过，加尔铁里当然懂得，作为“美国后院”的拉美国家，做出这么大的举动，应该先摸摸美国人的底，看看美国人什么态度。于是他向当时的美国总统里根表达了收复马岛的意愿。里根的回答如同今天美国在钓鱼岛、黄岩岛问题上对中国人的表态一样：不持立场，不偏向任何一方。里根告诉加尔铁里：“这是你们和英国之间的事情。”里根的表态让加尔铁里满心欢喜，他认为这就是美国的态度，于是放手派出梅嫩德斯将军和7000多官兵，不费吹灰之力就拿下了马岛。但加尔铁里低估了铁娘子撒切尔的决心，他万万没有想到撒切尔会不远万里派她的特遣舰队来收复马岛。更让他想不到的是，美国总统里根会宣布放弃中立，站在了英国人一边。结果可想而知，阿根廷人战败。

但这还不是最重要的，最重要的是这场战争导致拉美地区性危机出现，使全世界的投资人认定拉美已处在战争中，投资环境恶化，于是资本纷纷从拉美抽逃，从而彻底满足了资本撤出、回流美国的必要条件，最终引爆了整个拉美的金融危机。这时候美联储不失时机地吹响加息号角，使投资人别无选择地把资本投向美国，去追捧美国国债等美国金融资产，让美国人结结实实地大赚了一把，到头来美国人再用赚到的钱，回到哀鸿遍野的拉美，去购买早已跌到地板价上的优质资产。根据戚燕杰博士的观察，美元指数在 1978 年 10 月到 1985 年 2 月的 6 年上涨周期里，“从 84.13 涨到 128.44，涨幅最大达 52%”（另一说法与戚博士的数据有出入，即这期间美元指数从 83.07 一路上涨到 164.75，涨幅近 100%。）美元大涨带来的拉美债务危机使原本属于发达国家的阿根廷等国重新又成为了发展中国家甚至沦为落后国家。而美国人则利用美元指数涨跌的周期，完成了一次对拉美经济的洗劫。

有了这一番金融战争的经验，美国人渐渐在用金融手段打击对手方面，越来越得心应手。1985 年 9 月 22 日，美国在纽约的广场饭店，联合西方五国压日元升值。日本人对此毫无警惕，以为这就是市场经济，属于正常的市场行为。因为日本产品不断出口到美国，获得了大量顺差，美国人希望以此纠正自己的大量逆差完全可以理解。据说，时任日本财政大臣的竹下登胆气十足地承诺：“日元升值？OK，你说升多少？”结果一口气在短短几年内，把 250 日元兑换 1 美元，升值到了 82 日元兑换 1 美元，日元升值 3 倍还多。此举严重地打击了日本的外贸出口。到这时日本才发现上当了，于是决定化危为机，转过手来把出口产品变为出口日元，因为日元一升值，变得值钱了，正好用已经升值的日元去购买全球的资产，这一来，日本人又被升值的日元热昏了头，甚至叫嚣要买下整个美国，比如美国金融权力的标志——华尔街上的帝国大厦和美国文化权力的标志——好莱坞的哥伦比亚电影公司。但美国人很快又用“巴塞尔协议”——“银行准备金率不得低于8%”的苛刻标准，打败了日本人“堤内损失堤外补”的念头，结果让日本人一下子傻了眼：在军事上败给美国之后，经济上也再一次败给了美国。美国人从让日元升值开始，见招拆招，一点点刺破了日本的经济泡沫，直到1990年后，日本经济泡沫彻底破裂。按照日本的说法，日本经济失去了10年，接着又失去了第二个10年，现在日本正在失去第三个10年。

在“广场协议”①通过日元对美元升值的同时，美国人顺势扭转了日本对美国出口的顺差，并开始了美元的第二个下行周期。这仍然是一次不折不扣的开闸泄洪，大量的美元资本涌向了新的“泄洪区”——东亚特别是东南亚。一时间，东亚经济繁荣显现，亚洲“四小龙”“四小虎”之说甚嚣尘上。东亚各国洋洋自得，以为自己真的完全是靠“东方人的智慧创造了经济奇迹”。日本人、韩国人更是纷纷向别国推销自己如何使用中国人的《孙子兵法》和《三十六计》，进行营销和管理的“成功理念”，完全忘了这一切不过是建立在充足美元流动性前提下的“沙上宫殿”。一旦美元流动性枯竭，海市蜃楼会瞬间消散。

① 广场协议：20世纪80年代初期，美国财政赤字剧增，对外贸易逆差大幅增长。美国希望通过美元贬值来增加产品的出口竞争力，以改善美国国际收支不平衡状况，1985年9月22日，美国、日本、联邦德国、法国以及英国（简称G5）的财政部长和中央银行行长在纽约广场饭店举行会议，达成5国政府联合干预外汇市场，诱导美元对主要货币的汇率有秩序地贬值，以解决美国巨额贸易赤字问题的协议。因协议在广场饭店签署，故该协议又被称为“广场协议”。“广场协议”签订后，上述5国开始联合干预外汇市场，在国际外汇市场大量抛售美元，继而形成市场投资者的抛售狂潮，导致美元持续大幅度贬值。在不到3年的时间里，美元对日元贬值了50%，也就是说，日元对美元升值了一倍。

美元之祸Ⅱ：东南亚金融危机

如果拉美金融危机是一次孤立现象，那就是小概率事件，也就谈不上美元指数周期律。然而，如潮汐一般准确，下一个周期如期而至。1987年，“黑色星期五”导致美国股市崩盘，美联储紧急宣布降息救市。由于救市及时，股市暴跌居然没有严重影响美国经济。此后，国际形势出现一系列戏剧性变化，特别是第一次海湾战争，打高了油价，打出了美元需求，美联储为应对全球经济的不确定性，货币政策自然转向宽松，这意味着又一次开闸泄洪。这一次泄洪的目标是东南亚。“受惠”于美元的大水浸灌，东南亚乃至亚洲的经济开始繁荣，一时间“四小龙”“四小虎”如日中天。

在哪里“播种”，就要在哪里收获。1994年，由于担心通胀卷土重来，美联储将利率从3%提高至8%，美元指数在经过长时段的弱势运行后再次开始走强。这回美国把目标瞄向了被美元灌溉得风生水起的东南亚，但此时的东南亚没有爆发马岛战争这种可能，那也没关系，照样可以让它发生地区性危机。索罗斯和他的量子基金率领全球的对冲基金，冲开泰国金融的大门，逼使泰铢对美元大幅贬值，由此拉开亚洲金融危机的序幕，很快，危机开始如多米诺骨牌一样，在整个亚洲迅速传导，从泰国到马来西亚，到新加坡，到印尼、菲律宾、日本、韩国，最后一直传到俄国，整个东亚，唯有中国幸免。中国的幸免不是因为有先见之明，也不是因为防护严密，而仅仅是因为资本项目不开放。这一点成了中国的防波堤，使中国得以免受亚洲金融危机的冲击。

现在当我们回过头去看拉美和东南亚这两次危机，会发现这两次危机从路径到手法都如出一辙，呈现出某种周期性和规律性。换句话说，东南亚金融危机几乎就是拉美金融危机的重演：也是一开始美元放水，美元指数走低，大量的美元在东南亚铺开，使东南亚经济欣欣向荣。“四小龙”“四小虎”们由于获得了充分的美元的灌溉，长势良好。但好景不长，当东南亚经济向好之时，美国收窄了美元的流量，美元指数上升，东南亚经济随之捉襟见肘。这是金融衍生品市场上典型的投机手法的放大版——或可说是国家级别的金融投机。其步骤无外乎交替使用做多与做空两大技巧：通过先右手输出美元“做多”——开闸泄洪，为某国或地区提供充足的流动性，催生这一国家或地区的经济繁荣；再左手吸引资本“做空”——关闸断流，让那些先前受惠于美元充足供应的国家或地区，因突然的流动性不足触发危机，从而使其在繁荣期创造的财富转化成资本，于危机恐慌中向美国回流。这种操控路数让美国从别国或地区的繁荣与萧条中多轮获利，且屡试不爽。美国人手掌翻覆之间，全球经济风云变色！当年拉美如此，今时东南亚亦如此。索罗斯的对冲基金打响阻击泰铢第一枪，引爆了东南亚金融危机。投资人认定东南亚投资环境恶化，纷纷撤资。去哪儿？去美国，追捧加息后的美元资产，支持美国的又一轮大牛市，让美国人再一次大把赚钱，赚够了，又掉头返回已是一片狼藉的亚洲，去低价收购亚洲的优质资产。让世人记忆犹新的是，韩国大妈们摘下金戒指、金手镯、金项链，捐给韩国政府，以便换得更多的外汇，保住韩国的名牌企业不被美国人买走，变成美国人的资产。事实证明，这两次地区性金融危机与美元指数周期律非常契合甚至严重相关，与上一次美元指数上涨，引发拉美金融危机一样，这一次“美元指数”在6年左右的上涨周期里，即“1995年4月到2001年7月，从80.05涨到121.01，涨幅最大达51%……美元的上涨引发了亚洲金融危机及新兴市场货币大幅贬值”[①]。两相比照，难道不是很耐人寻味的事情吗？

① 数据来源于戚燕杰《大道争锋美元梦》书稿。

金融海啸搅了第三次“剪羊毛”的美梦

从美元成为可以无限信用创造的纯粹纸币之后，市场经济就被资本的逐利无情地一次次逼到了死角，不撞南墙不回头。2000 年，美国经济相继吹爆互联网泡沫和纳斯达克泡沫，次年，“9·11”更让美国经济雪上加霜，为力挽颓势，美联储无计可施，只能再次开闸放水，连续降息。此举直接吹胀了美国的房地产泡沫，使美国经济一时间强劲复苏，但对通胀快速抬头的担心，又使美联储连续 17 次降息，其结果是一针刺破“看上去很美”的房地产泡沫。2008 年，次贷危机引发了来势凶猛的金融海啸。对于已经把金融玩得很纯熟的美国人来说，很不幸，这一次没能玩好，美元指数的上升势头也随之消失。美国人不得不用连续 7 次释放流动性（小布什总统 3 次，奥巴马总统 4 次）的方式拯救自己，意味着美元又开始泄洪，这当然会加重本已在下行线上的美元指数进一步走低。这些凭空创造出来的大约 3 万多亿美元，一方面稀释了美国金融机构的有毒资产，缓解了美国的金融危机；另一方面，也意味着美国连续开闸放水，向全世界释放它的危机。凭空多印出来的美元，流向了中国等国家和地区，一方面充盈了这些国家和地区的流动性，另一方面也使这些国家和地区产生了对美元的流动性依赖。

更重要的是量化宽松①使美国经济慢慢开始复苏。但当美国经济转好，而各国对美元的依赖性也日渐严重之际，美国人决定结束 QE，信号一放出，那些美元资本引入最多的国家，就开始陆续出

① 量化宽松 (Quantitative Easing)：主要是指中央银行在实行零利率或近似零利率政策后，通过购买国债等中长期债券，增加基础货币供给，向市场注入大量流动性资金的干预方式，鼓励开支和借贷，也被简化地形容为间接增印钞票。

现不同程度的流动性短缺，经济形势也就随之变坏。但这还没有达到足以让美国从这些国家“抽血”的条件。我们已经知道，要从一个地区抽血，就必须要先恶化这个地区的投资环境。比如，这时候美国当然不希望资本留在欧洲（因为欧洲一直在和美国争夺资本），那么，不让资本留在欧洲的最好办法，就是让欧洲发生地区性危机。于是，乌克兰危机就在有人需要它的时候出现了。全世界的人也都看到了，除了克里米亚被普京趁势收回这一幕出乎美国人意料之外，其他一切，基本上都是按美国人预定的剧本在上演。美国人通过乌克兰危机乃至内战，成功地使欧洲地区陷入动荡，又进一步通过克里米亚事件，逼迫欧洲和美国一起制裁俄罗斯。

制裁是“双刃剑”，欧洲人要制裁俄罗斯就不能让普京再拿到石油美元，同时也就要让自己放弃从俄罗斯拿到能源，这对欧洲人是一个很痛苦的选择。而对美国来说则可以说是一箭双雕，既通过阻止俄罗斯石油出口打击俄经济，又使欧洲经济陷入窘境，还可以顺便为自己的页岩油制造需求。

在这种情况下，欧洲的资本就有抽逃的可能，而这时候美联储已经在准备再一次吹响加息的号角，吸引从欧洲撤出的资本了。但让美国人始料不及的是，半道上杀出来一个资本截流的国家——中国。眼下中国即使经济增速放缓，仍然是全球发展最快的国家。美国本来希望欧洲经济出现麻烦后，资本撤出来就直奔美国，没想到中间横生出中国这根枝杈。这是因为眼下中国仍然拥有世界第一增长率，这样的经济面仍然会成为全球资本看好的投资方向，再加上“沪港通”的诱惑，结果，大约1万亿美元的资本从欧洲撤出来后，并没去美国，而是到了香港。怎么办？美国人唯一能做的，就是想办法把这1万亿美元逼走。这就需要在中国周边地区制造麻烦，让地区性危机出现，让中国的投资环境恶化，逼资本撤离。

美国为什么必须这么干？这与1971年8月15日，美元与黄金脱钩之后，美国逐渐形成的实体经济外移，产业空心化的国家生存模式有关。美元的大量出口意味着美国必然要同时大量进口别国产品，这将使美国在经常项目上只能保持逆差。但是有一样东西美国却绝不能让它出现逆差，那就是资本项目。资本项目一定要顺差。资本项目顺差就需要从美国输出到全世界的资本必须最终回流美国，这样美国人才有钱再去购买全球产品。美国在近20年来打的几场战争也是要保证这一点，即不但要让美元顺畅地流出去，还要让这些在全球流动的资本顺利地回到美国来。资本如果回不来的话，美国就只能继续印钱，这样美元就会贬到一钱不值，美国人当然不会不明白这一点。

所以它总是在用左手把美元撒出去的同时，再让右手把撒出去的美元通过国债和投资的方式收回来，由此形成一个循环系统，才能让美国人生存下去，所以美国人一定要保证资本回流到美国。而要让资本回流到美国，美国只有两个办法，要么是美国的经济面向好，有技术创新拉动的经济增长热点，吸引全球资本回流；要么就是让其他地区经济形势变糟，反衬得美国经济相对更好，也能吸引资本回流。

在美国经济复苏并不足以吸引全球资本回流美国的今天，美国人只有让比美国经济更有吸引力的中国周边——西太平洋地区或者说亚太地区出现地区性危机，才可能把资本从这一地区撵出来，不管美国人如何否认自己插手了中国周边事务，事实都是：当美国需要这一地区的投资环境因局势紧张而出现恶化时，中日在钓鱼岛、中菲在黄岩岛、中越在“981”钻井平台这些地区性争端才会一个接一个出现。此外，还应算上香港“占中”事件，表面上看去，这都只与中国和中国政府的处事方式有关，但令人不解的是，每一件事都利好于同一个国家：美国。因为正当美元开始走强的时候，围绕中国周边地区的任何一次地缘政治危机的出现，都会恶化这个地区的投资环境，把一壶已经烧到99摄氏度的水，再加1摄氏度烧开。这情况下国际投资人要干的唯一一件事，就是撤资，马上离开。撤资的同时，美联储就会不失时机地吹响加息号角，资本就会蜂拥着转向美国，让美国再一次获得一个久违了的大牛市，赚它个钵满盆满。相比之下，东亚地区的经济会一步步衰落下去，哀鸿遍野、一片狼藉。这时，挣够了钱的美国人会掉头杀个回马枪，剪你的羊毛，收割你的利益。从这个角度看，为什么最近中国周边包括香港频频出事，还有什么不好理解的吗？

通过美元指数周期律收获和聚敛全球的财富，仅仅靠美联储的力量是不够的，甚至再加上石油与美元挂钩也还不够，还需要一个非常强有力的手段，如果没有这个手段，美国不足以仅仅靠印美元就占有全球第一的财富，而这个手段就是天下第一的军事实力。

硝烟背后

美国为何而战

也许，不能说美国人酷爱战争，但实际上美国总是需要战争。过去 20 年里，美国是世界上唯一连打过四场对外战争的国家。为什么要如此频繁地发动战争？地球人不懂，恐怕美国人民也不懂，因为这四场战争，发生在三个不同的国家和地区，开战的理由也都十分充分且冠冕堂皇，谁会把它们与一张轻飘飘的绿纸联系在一起？20 年间四场战争，美国人为什么开战？

硝烟背后：美国为何而战

也许，不能说美国人酷爱战争，但实际上美国总是需要战争。过去20年里，美国是世界上唯一连打过四场对外战争的国家。为什么要如此频繁地发动战争？地球人不懂，恐怕美国人民也不懂，因为这四场战争，发生在三个不同的国家和地区，开战的理由也都十分充分且冠冕堂皇，谁会把它们与一张轻飘飘的绿纸联系在一起？20年间四场战争，美国人为什么开战？

发动伊拉克战争是为了石油？NO

若干年后，如果有人追问，美国人为什么要打伊拉克战争？世人的标准答案是：为了石油。那么，接下来的问题是：为什么美国占领伊拉克后，却不从伊拉克免费拉走一桶石油？美国普通百姓为什么也要和世人一道忍受高油价的煎熬？这是很多人百思不得其解的问题，答案就是：因为全球的石油交易与美元挂钩。

当美国打下伊拉克时，首先出现的情况是全球油价飙升。油价飙升，交易又以美元结算，意味着什么呢？意味着油价的飙升拉高了全球的美元需求，也就是说，美国人通过战争打出了全球的美元需求。打伊拉克战争之前，一桶石油38美元，打完了之后接近150

美元，等于一场战争把美元的需求打高了 3 倍还多。当全世界需要更多的美元去购买石油时，最高兴的除了产油国，当然就是美国政府了。因为这样一来，美国政府就能以给全世界提供流动性的名义，开动印钞机，印刷更多的美元，而美国政府不是慈善家，不会白白把美元给你，你必须拿你的产品去换，从而再一次加入实物换绿纸的游戏。此时美国政府的印钞行为可以说名正言顺，而用不着像金融危机的今天，明目张胆也失信于人地在全世界没有需求的情况下用 QE 的方式增发美元。

如此这般，更多的美元流到了其他国家的手里，流到了产油国的手里，也流到了需要购买石油的国家手里。这么多美元攥在这些国家手里能干什么呢？除了作为财富的符号让人开心外，就是变为废纸的前景让人担心，因为美元正以日新月异的速度在贬值，再增发，也就意味它一天天在贬值，这个时候你唯一的选择，就是美国人早就为你准备好的选择：购买美国的国债。

购买美国国债使巨量的美元回流美国，也使美国成了全世界最大的债务国。那么，美国为什么需要让流向全世界的美元，再以购买美国国债的方式回流美国呢？因为，美国不担心经常项目长期处于逆差状态，却十分担心短期的资本项目出现逆差，换句话说，一个几乎没有储蓄率的美国，必须始终保持资本项目的顺差，而这个顺差的额度在 2001 年前后的时候，大约是每年 7000 亿美元，也就是说，需要每天净流入美国 20 亿美元。[9]42-43 因此，美国需要大量的世界资本回流美国，才能保持其正常经济生活的流动性，否则，大部分美国人刷卡透支的好日子就难以为继，因此，美国不怕经常项目逆差，唯恐资本项目逆差。为了保持资本项目的顺差，美国会不惜动用战争手段，去打坏别国、别的地区的投资环境，像驱赶羊群一样，把美元驱赶回美国。所以说，表面上看，两次伊拉克战争都和石油有关，但实际上主要是和美元有关。因为只要在产油区打仗，油价就会上升，美元的需求也就会随之上升。如此一来，美国人就可以开动印钞机，印更多的美元，从全球换回更多的实物财富，道理就这么简单。

而另一个不为人关注的秘密是：欧元启动之后，萨达姆于 2000 年 11 月宣布伊拉克的石油出口用欧元结算，此举无异于对美元作为石油结算货币的蔑视和挑战，其结果就是小布什总统用一场不对称战争把萨达姆送上了绞刑架，而在美国炮口下建立的伊拉克民选政府，在成立后最先颁布的法令，就是把伊拉克的石油贸易，改回用美元结算。

科索沃战争剑指欧元

有人会问，既然美国人的战争与石油、美元有关，科索沃地区并不产石油，美国人为什么还要打科索沃战争？打科索沃战争和美元有什么关系？在打响科索沃战争之前，很多人都相信了西方宣传机器的一面之词，认为美国人打南联盟，是为了进行人道主义干预。其实这是美国中央情报局和西方媒体联手撒了一个弥天大谎：说米洛舍维奇的南联盟政权在科索沃屠杀了 9 万阿族人。事后证明这完全是一个谣言，但是当谣言澄清之后，美国早已打败了南联盟。

那么，美国打科索沃的真正动机到底是什么？要看清楚这一点我们需要把日历往前翻。这场战争发生的时间是 1999 年 3 月，但耐人寻味的是，1999 年 1 月 1 日发生了另一个重大事件：欧元正式启动。当时欧元和美元的汇率是 1:1.07，欧元作为一种全新的国际结算货币，一上来就对美元的霸权地位构成了挑战和威胁。仅仅两个月后，科索沃战争打响。战争还没结束，世人便发现，深受战争创伤的，不光是南联盟，还有欧元。有欧盟各国空军做帮手的 72 天的狂轰滥炸，其最重要的结果，不光是米洛舍维奇政权的垮台，还有欧元与美元汇率的倒挂，由1欧元兑换1.07美元，变为0.82美元兑换1欧元，欧元跌幅达30%。

由此可以看出，美国人打科索沃战争是“项庄舞剑，意在‘欧元’”。西方人喜欢标榜民主国家之间不打仗，但美国人在欧洲的腹心地带打的这一仗，首先打坏的是欧洲的投资环境，从而使欧元刚刚诞生就立刻面临夭折的危险，因为美国绝不能容忍还有其他什么货币与美元平起平坐，即使是欧洲兄弟的欧元也不行。

理解美国人的这种心思并不难，在欧元出现之前，美元是世界上唯一的储备货币、基准货币，全世界所有国家的贸易结算几乎都是用美元。这意味着美国拥有独此一家别无分号向全世界征收隐形铸币税的权力。这时突然间出现了欧元，一个庞大的欧元经济体从此后不再由美国人收铸币税，这对美国来讲，带来的不仅仅是铸币税的损失，而且是美元霸权根基的动摇。是可忍，孰不可忍！所以美国人即使不是意欲除之而后快，也必定会果断出手，对这个挑战者实施毫不手软的打击，就此角度看，科索沃战争的爆发不可避免。

此外，科索沃战争向我们展示的美式战争与货币资本及美国金融大战略的关系，还不仅仅体现在美元与欧元的货币霸权之争上，其他的现象同样耐人寻味。科索沃战争爆发之前，有关数据资料显示，大约有7000多亿热钱在欧洲游荡，晃来晃去，找不到投资的去向，因为此时欧洲上空已战云密布，一旦战争打响，投资环境便会迅速恶化，你的投资就可能面临颗粒无收血本无归的局面。追求利润最大化是所有投资者的信条，但同时既要获利，还要安全地获利，如果不安全，宁可不投资，这也是投资者的信条。

结果，战争一打响，7000多亿热钱中有4000多亿立刻从欧洲抽逃，其中2000多亿去了美国，直接支持了美国已经连续90多个月的经济繁荣。美国历史上还从来没有过如此漫长的经济增长期。

另外的2000多亿则去了香港，香港怎么可能在短时间内消化这么多钱？显然是那些投资人或投机家，看好中国内地市场，想拿香港作跳板，进入中国内地。让人备感蹊跷的是，恰在这个时候不早不晚发生了一件震惊世界的事情——美国人用 5 枚精确制导炸弹，“误炸”了中国驻南联盟大使馆。接下来，美国人惯用的通过军事手段改变别人的投资环境，用炸弹像驱赶羊群一样驱赶资本的情况在极短的时间内又出现了：一个星期之后，滞留香港的 2000 多亿热钱从香港抽逃，最后去了哪儿呢？又去了美国。就这样，从欧洲抽逃的 4000 多亿热钱全部流到了美国，继续为美国的经济繁荣作贡献，一直到小布什上台，这个经济繁荣期才告结束。

阿富汗反恐：打回全球资本对美国的信心

从以上例证，我们可以看出，美国人发动的战争和其他国家间发生的战争，从目标到方式再到结果都很不相同。美国人的战争除了改变别人的投资环境之外，还驱赶资本流入美国。因为储蓄率只有百分之二点几（现在也不过刚达到 6.9%）的美国，需要大量的美元回流，以支撑这个国家的流动性。这是美国在过去 20 年里，连续在伊拉克和科索沃打仗的原因，同时也是其以反恐为名，仓促打响阿富汗战争的原因。

为什么说阿富汗战争美国是仓促打响的？因为“9·11”发生之后两个月不到，美国就打响了这场战争，这完全不符合美国打一场局部战争的战争准备规律。1980 年之后，美国人连打了 4 场战争，除阿富汗战争之外，另外的 3 场战争美国人的战争准备时间都在半年左右，这意味着美国打一场局部战争需要半年的准备，但是阿富汗战争却是个例外，不到两个月就仓促打响。仓促到什么程度呢？据美国五角大楼事后关于阿富汗战争对国会的报告披露，美国人仗打到一半的时候，居然就把巡航导弹打光了，不得已，五角大楼只好下令打开核武器库，拆下核弹头，换上常规弹头，又打了近千枚，才把阿富汗打下来。

既然明知道打一场局部战争需要准备半年时间，那美国人干吗不准备充分一点再打这场战争呢？不行！因为时间不允许，美国的经济形势不允许。这个时候正是“9·11”发生之后不久，大量的资金开始撤离美国。因为全球的投资人突然对全世界最安全的投资环境——美国产生了疑虑。美国是全球的金融中心，纽约是美国的金融中心，而华尔街是纽约的中心，世贸大厦则是中心的中心。现在，这个中心的中心居然让恐怖分子给撞毁了，谁还敢对你的投资环境保持信心呢？于是，从这时起，据统计约有三四千亿美元撤离了美国。前面提到，美国每年需要吸纳 7000 多亿美元的净流入，这个时候有三四千亿美元撤离美国，而这一年还有几个月的日子要过，没有钱怎么行？所以美国迫切需要用一场战争打回全世界投资人对美国的信心。

果然，当阿富汗战争打响之后，巡航导弹一落在阿富汗的土地上，道琼斯指数就在短暂下探后很快回升，华尔街一片叫好，随着战况进展顺利，大量撤离的资金又陆续回到了美国，这场战争重新打回了全世界对美国投资环境的信心。由此我们可以看出，美国人向全世界展示的现代战争理念是——如果我的投资环境不好而短期内又无法改变的话，那我就用战争把其他地方打得更坏，反衬出美国相对的好。你不是认为我的投资环境不安全吗？那我就打一场战争给你看，让你知道美国仍然是最强大的，美国人想打谁就打谁，你要觉得美国的投资环境不安全，还有别的地方比我更不安全，那个地方还在发生战争。这就是美国的军事力量为它的金融大战略服务的方式。

“全球快速打击系统”：用战争快变量控制资本流

过去，美国人喜欢说：当世界上什么地方出现麻烦，美国总统的第一反应就是“我们的航空母舰在哪里？”现在这种说法正在逐渐成为过去时。当互联网把全球连成一个整体，网上交易、网上支付已成为家常便饭，随便敲几下键盘，成百亿、上千亿甚至数万亿的美元，就可以在瞬间完成转移或者是抽逃时，这种几乎以光速运行的资本流动速度，是每小时以三四十节的速度航行的航空母舰无法跟上的。即便是以超音速飞行的舰载机，也同样跟不上。因为无论航母还是舰载机，都是物流经济时代的产物，是为争夺海上霸权，控制海上物流而设计的海上武器平台。在资本流已成为全球经济生活主流的时代，美国人显然已经意识到需要一种能与资本的流速相匹配的快变量手段，才可能控制或改变全球资本的流速和流向。

为此，五角大楼对其军事力量提出了新的要求：尽快建立“全球快速打击系统”。这一系统要求美军的军事打击能力能比以航母为代表的传统军事手段更快捷地打击地球上任何目标，打击时限也一再缩短，从号称“一小时打遍全球”，缩短到“28分钟打遍全球”。这个速度有什么意义呢？其意义就在于，它基本上可以跟上资本流动的速度了。当大气层返回式弹道导弹或五六倍于音速的巡航导弹落在地球的某一点上时，这一地区的投资环境就会迅速改变，惊慌的投资者们会迅速把资金撤离这个地区，那么，撤离后这些资本会去哪里？总不能悬在半空中，总要有个去处吧，而且，这个去处还必须是安全的。哪个地方最安全呢？当然是谁的拳头大，谁那里就最安全。美国急于发展“全球快速打击系统”的目的，无非就是要用军事手段这个快变量，像当年航母控制海上物流一样，控制全世界的资本流。

因此，如今的五角大楼比以往任何时候都更注重美军的速度——从部署的速度到打击的速度，而这一切，都与资本的流速和流向有关，因为美国人心里最清楚，今天的美国是一个建立在纸币上的帝国。要让这个帝国不垮塌，就必须保持美元的霸权，为美元而战，这就是美式战争的全部秘密。

世纪之问

金融战与阴谋论

很多经济学家，对于金融战和阴谋论这样的说法都有一种本能的反感。原因有二。第一是因为这两个词，无论是金融战还是阴谋论都不是专业术语；第二是因为许多学经济、学金融的人，他们从课本上从未接触过这类内容。所以他们本能地排斥这些。但我要问，如果我们看到的某些客观事实与我们所学到的理论不一样，我们会去修正谁？是修正我们的理论，还是去修正客观事实？既有的理论和实事求是谁更重要？这才是问题的出发点和分歧点。

世纪之问：金融战与阴谋论

很多经济学家，对于金融战和阴谋论这样的说法都有一种本能的反感。原因有二。第一是因为这两个词，无论是金融战还是阴谋论都不是专业术语；第二是因为许多学经济、学金融的人，他们从课本上从未接触过这类内容。所以他们本能地排斥这些。但我要问，如果我们看到的某些客观事实与我们所学到的理论不一样，我们会去修正谁？是修正我们的理论，还是去修正客观事实？既有的理论和实事求是谁更重要？这才是问题的出发点和分歧点。

21世纪最激烈的战场将在什么地方？如果让军人来回答这个问题，答案肯定是发生战争的地方。但这样的答案今天已然过时。21世纪最激烈的战场肯定是在经济领域。说得更加具体一点，是金融领域。从美元与石油挂钩，借助石油流遍世界以来，美元已成功地使这个世界上的一切都货币化了。这意味着发生在这个世界上的一切争夺，都可以用美元量化或表达，这也意味着21世纪所有的战争都将是广义金融战，都将是为了金融而战，特别是美国发动的战争，不管表面上有多少条理由，最终都是为了美元的货币霸权而战，这一点和全球化后形成的世界经济体系有密切的关系。什么是广义金融战？就是争夺资本和货币霸权，从而争夺一切以美元定价的财富的战争。金融战打得最漂亮的是美国人，他们用他们无人匹敌的军事手段像驱赶羊群一样驱赶资本，其威力和收益远比索罗斯之辈用一个小小的对冲基金去攻击英镑、泰铢要大得多，也恐怖得多，也比美国封杀恐怖分子首脑账号重要得多。

我知道，很多经济学家，对于金融战和阴谋论这样的说法都有一种本能的反感。在他们看来，什么是金融战？把明明是正常的经济社会的行为和活动叫成战争，这完全是毫无意义的夸张和比喻。什么是阴谋论？明明是正常的金融运作，为什么要把它叫作阴谋？我曾就此请教过一位我很尊敬的朋友，他是中国人民银行的官员，一位非常出色且前途无量的官员。此人的回答也是否定的，他说国际金融领域不存在阴谋问题，要说存在的话，那也只能说是阳谋。在这个问题上我还是和他有分歧。

我想专家们不喜欢金融战与阴谋论的提法，原因有二。第一是因为这两个词，无论是“金融战”还是“阴谋论”都不是专业术语；第二是因为许多学经济、学金融的人，他们（很多人是在国外课堂上受教育的）从课本上从未接触过这类内容。所以他们本能地排斥这些。但我要问，如果事实上确实存在着这样一种迹象，你也仍然要排斥它吗？它和你学到的理论、原理相悖的时候，你认同哪一个呢？这个世界从人类产生了思维，并且进而产生了语言和文字之后，就变成了一个二元世界，一个是客观世界，另一个是人们对世界的认知，以及由此产生的对世界的现象描述或者理论描述。但是在这个二元的世界里哪些对我们更重要呢？如果我们看到的某些客观事实与我们所学到的理论不一样，我们会去修正谁？是修正我们的理论，还是去修正客观事实？既有的理论和实事求是谁更重要？这才是问题的出发点和分歧点。

谁用货币绑架了世界

美国金融危机被次贷引爆，迄今已逾 7 年。7 年来，非但美国未能走出困境，还把整个世界包括中国都拖累得踉踉跄跄，步履艰难。显然这场金融海啸的烈度远远超过了上一次的东南亚金融风暴，以及此前任何一次金融危机。那么，究竟是谁该为这次危机负责？换句话说，究竟是谁导致了这场席卷全球的大危机？我们又该怎样认识它的本质？迄今为止，从普通人到专家都各执一词，很多专家在面对这次金融危机时都是只见树木，不见森林。更多的专家喜欢从技术角度分析这次金融危机。可事实上，有很多东西只从技术层面去解读是不行的。有人把这次金融危机归罪于美国的次贷，这很可笑。这等于把导火索当成了炸药包。有人则稍微深入了一点，把这次危机归结为华尔街过度开发和利用金融资源，结论是金融衍生品惹的祸。还有人进一步认为是美国实体经济与虚拟经济严重背离的结果。更有一位很著名的经济学家把危机归结为美国的储蓄率太低，美国政府只好滥发美元，造成流动性过剩、泛滥。应该说，这些结论都有一定道理，但可惜都还是管中窥豹，盲人摸象。

仅从金融技术的层面来分析这次危机是不够的，只有从金融大战略的角度，或者从国家战略的层面来看这个问题，才可能真正窥破这次美国金融危机的实质。表面上看，这次金融危机的确是华尔街惹的祸。实质上如何呢？实质上，如果不是美国政府及其统治阶层设计并推行了它的全球金融大战略，美国和世界都断不可能遭此大劫。所以，不客气地说，这次金融危机是美国国家金融大战略在全球推行近 40 年的必然结果。

因此，如果太技术化地分析这次危机，就可能会忽略最重要、最直接的责任者的责任。危机发生之后，美国开始流传这样一则故事，讲的是美国经济不景气的时候，有一个人拿着手枪进到一家手表店，用手枪指着手表店老板说：你看，我这块表就是从你这儿借 80 美元买的，现在我没钱了，需要你再借我 50 美元，你先别说 NO，你必须借！你也不用紧张，我不会伤害你。但是如果你不借给我，我会开枪把我的脑袋打开花。这样你要做的一件事就是清洗你的地毯，这笔费用将超过 50 美元。更重要的是，你手表店的信誉将会因此受到严重影响，想想看，今后谁还敢上你这儿来买手表呢？他的这番话产生了效果，老板赶紧乖乖把钱借给了他。这个故事影射的是华尔街自己演砸了，还要胁迫美国政府救市。果然，美国政府就范了，为救市拿出了 7000 亿美元，给了“两房”（房利美与房地美）3000 多亿，又向美国国际集团提供了 850 亿贷款。谁都看得出来，美国政府这次被迫救市是被华尔街“勒索”和“绑架”的。但这是不是就是整个金融危机的原因？当然不是。

华尔街“绑架”了美国政府，也“绑架”了整个美国，这话不假。但是事情并没有到此为止，接下来发生了什么？美国打喷嚏，全世界患感冒，原因就在于美国和美国政府又“绑架”了全世界。事实就是如此。很多金融专家、经济学家仅仅认为是华尔街“绑架”了美国政府，认为是华尔街给美国和全世界带来了麻烦，事实上真正的麻烦是美国和美国政府带给全世界的。准确地说，在华尔街“绑架”美国和美国政府之前，美国和美国政府就已经用美元体系“绑架”了全世界，这才是这次金融危机真正的根源和实质。

金融战是战略工具还是夸张比喻

从现代意义上的货币诞生到由此产生资本的融通以来，金融领域的争夺或者厮杀，无论是它的规模还是它最后产生的财富效应，绝不亚于历史上任何一场战争。即使如此，也仍然可以不把它叫作战争。但是我发现金融战和战争的区别从某种意义上说，只是因为金融战不死人（除了因破产而自杀的人以外）。所以人们往往不把它和战争联系起来，但是它的扫荡能力，它的掠夺能力，它的破坏性，确实和战争不分伯仲，甚至有过之而无不及。

即使不把存在于金融领域的厮杀和争夺称作战争，这种厮杀和争夺仍然具有除了流血暴力之外的一切战争应有的特征，因此比起阴谋论来，人们似乎更容易接受金融战这个概念，起码在金融的杀伤力巨大这一点上大家能大致达成共识。因为，它在人类近现代直至今天的经济生活中无处不在、无时不在，否则我们就无法解释这样一些现象。从 200 年前近现代银行业和证券业产生以来，包括拿破仑采用大陆封锁政策发动针对英国的经济战争，现代金融战的历史起码不少于 200 年。我们甚至还可以追溯到古罗马时期，列举出一堆这个庞大帝国交替使用军事和经济两种手段进行战争的事例，但是今天我们没有必要扯那么远，我们就以近现代的战争为例。

苏联是怎么垮掉的？很多人喜欢说一句话："堡垒最容易从内部攻破"，并由此将其归结为苏联共产党及戈尔巴乔夫的种种错误。这或许是重要因素，但我更倾向于它是被美国充满阴谋色彩的金融战打垮的。我们不妨看看这样一本书：《里根政府是怎样搞垮苏联的》[10]。

这本令人震骇的书，出自一个亲身经历和参与了里根政府用经济手段打垮苏联的美国官员之手。这位官员以令人信服的证据，列举了里根政府搞垮苏联的种种手段。第一是把苏联拉进与美国的军备竞赛，因此不得不承担庞大的军费开支，包括著名的星球大战。第二是千方百计压低国际石油价格，让苏联承受不起。因为苏联生产一桶石油的成本远远高于其他地区。当时美国中央情报局测算了一下，只要石油价格每桶下降 1 美元，苏联就将损失 10 亿美元，而当时苏联的外汇储备非常紧张，只有区区 200 多亿美元，但这一点救命钱对它来讲至关重要。第三是不择手段地促使整个西方对苏联进行资金、技术和投资的封锁，使它无法获得急需的血液。第四就是支持波兰的团结工会，为它提供财政支持和技术手段，让团结工会给波兰政府捣乱，使波兰的经济陷入困境，必须从西方借钱。这么混乱的国家，没有担保，谁肯借给它钱呢？只有苏联老大哥为它作担保，结果把苏联那点少得可怜的外汇也搭了进去。第五就是支持阿富汗抗击苏联的入侵。这一次美国在阿富汗用非常低廉的成本就获得巨大的胜利，并且报了它惨败于越南战争的一箭之仇。当时美国的中情局局长非常得意地告诉大家，我们仅仅花费了 40 亿美元，就让这个邪恶的帝国遭到了惨败。真正惨不忍睹的是 40 对 400 这个悬殊巨大的对比，因为苏联在阿富汗战争中整整花费了 400 亿美元，但它还是失败了。在这之后，我们看到了什么？看到的是 1991 年 12 月，苏联的国旗悲惨地从克里姆林宫的尖顶上降了下来，一个庞大的貌似帝国的国家，倒下了，不见了。美国就是这样用金融手段作为主要武器，把一个如此庞大的帝国打败了，如果这还不算作战争那该算什么呢？①

如果有人认为这个例子只能算是孤证，那我们再来看看日本。1985 年的广场协议之后，日本开始了漫长的上升升腾又下跌坠落的过程。这个过程的结果大家也已经看到了：一开始日元升值的势头如此猛烈，猛烈到了喊出“日本第一”的口号，但是日本最后获得了什么？日本获得的是“整整丢失的 10 年”，或者是他们自己称作的“平成战败”。这是日本第二次败于美国（第一次是第二次世界大战）。而与此同时美国则获得了整整 10 年的繁荣。②这一落一起，恰恰像一个跷跷板，日本落下去的时候，正是美国跷起来的时候。

---

① 对这一悲剧性的历史进程《里根政府怎样搞垮苏联》一书有详尽的描述。该书由新华出版社于 2001 年出版。

② 这一过程在吉川元忠的著作《金融战败》中有非常深刻的描述和反思。

美国就这样一次次成为全世界金融的主宰者。所以，关于金融战的问题，用不着再多说什么。

如果还要多讲点什么的话，那就是东南亚金融危机。很多人也把它称作金融战。不管称谓如何，如果想用一句话总结东南亚金融危机，马来西亚总理马哈蒂尔说过的一句话最富有代表性，他说：“索罗斯的金融袭击使马来西亚经济整整向后倒退了 20 年。”当我看到马哈蒂尔这句话的时候，突然想起一位美国将军的另一句话——1999 年美国发动对南联盟的科索沃战争时，这位将军踌躇满志地说：“我们将把南联盟打回到新石器时代，起码把他们打得倒退回去 20 年。”两相比较，如果一场金融风暴同样能把一个国家打得倒退 20 年的话，我们不把它叫作战争又叫作什么呢？当然可以叫作别的什么，但是从本质上讲它还是一场战争。而且在我看来，21 世纪，除了头 10 年，美国在其强权还继续保持的情况下，可能会时不时地选择军事战争去达到它的目的，打伊朗或打叙利亚都可能是它的一种选择，但是我们将更多地看到的是越来越不使用军事武器去打的战争，而是用金融、货币打的战争，这样就引出了第二个问题。

阴谋论本身就阴谋

在美国旅居多年的宋鸿兵先生，写了一本名为《货币战争》[11]的书，近年来十分畅销。不可否认，这本书写得不似专业书籍那般严谨，尤其是让经济学家、专家们来读的时候会觉得格外不够严谨。但是这本书仍然有它的价值，那就是它提醒你，这个世界上，特别是在全世界最热门的领域里，在全世界最赚钱的行当里，人们怎么可能不把自己的暗中算计投进利益的争夺中？

专家们更多的是关注正常的经济活动，可是实际上，与正常经济活动一直如影随形的是非正常经济活动。因为每个金融家、每个商人，包括经济学家，他首先是人，其次才是他扮演的社会角色。当他是人，特别是一个商人的时候，他作为人的特点通过他的社会角色体现出来时，主要就表现为他的逐利倾向。从这个意义上讲，现有的那么多体制、制度、规则，是不是就能够有效地制约人的本能呢？我对此持怀疑态度。

按照美国人的形象说法，民主就是把权力关进笼子里。金融权力同样也需要被关进笼子里。金融监管就是这只笼子。但美国金融危机告诉我们，这只笼子现在出了问题。为什么一向号称制度严密的美国金融监管会出现这么大的纰漏？是美国政府疏于监管，还是有意放纵？这是个只能意会不能言传的问题。过去人们一直认为，美国的银行业监管是很严密的，有一个中国女孩写过一本书，《我在美联储监管银行》[12]，也加深了中国人对此的印象。可是很少有局外人知道，美联储只监管商业银行，并不监管投资银行。这就使投资银行有很大的空间去自由发挥，说直白些，就是可以用高杠杆化的金融衍生产品去投机敛财。这些投行的暴利让那些商业银行很眼红，于是他们就千方百计利用国会的院外集团去游说，终于在1996年废除了《格拉斯—斯蒂格尔法》。这是美国为防范20世纪20年代经济大萧条重演的最重要的一项法案，其作用就是把美国的商业银行和投资银行分开，不允许银行混业经营，目的就是防范金融风险。而此法一废除，华尔街饕餮全球财富的盛宴就开始了。

1992年，我就开始关注中国的股票，并认识一些地地道道的操盘手，其中还有一些颇具实力的庄家。有一个庄家跟我讲，他手中有7000万，这在当时的中国已经是很巨量的一笔财富。他说，如果我想打哪只股，只需把7000万轻轻一掂，就能让这只股飘起来。我认识的一些操盘手告诉我，一些更技巧的东西，说每天他和他的老板，都要去仔仔细细商量明天的战术，股价最高摸到多高，最低探到多低，明天有没有“朋友”要进来，比如这只股价是 10.2 元，“朋友”希望在 8.2 元的价位上吃 2000 手，这时候怎么办？告诉“朋友”明天要在开盘前就把单子挂好，明天早上一开盘，这只股就迅速被砸到 8.2 元，所有人都觉得很惊奇，当时还没有 10% 涨跌停板限制，砸下来之后就立即成交。如果有人去查他，他可以告诉你，完全是操作失误。那为什么会有人在这里事先等着？回答是我不知道。这只是一个小小的手段、小小的计谋，连策略都算不上，但却是股市中最常见的作弊，这算不算“阴谋”？

由此我想，玩股票，玩金融，西方人已经玩了二三百年，包括近现代已经日臻成熟的金融和证券业，难道他们这些人越玩到后来，越光明正大吗？所有在金融及其衍生领域中玩阴谋的人都只像是中国那些小马仔式的操盘手吗？西方金融界的那些操盘老手们，他们在实战中学习和创造的那些手段、那些本事，在他们成为银行或者证券公司老总的时候，就全都金盆洗手了吗？他们再不准备用任何阴谋的东西，去打击对手吗？或者某一天一个人通过美国政治独特的“旋转门”①摇身一变成为美国的财政部长（如小布什政府的财政部长保尔森）或者美联储主席的时候，他们就会铅华洗尽不再有技痒难耐的感觉，不想拿这种手段打击其他国家吗？我对此表示怀疑。我相信我的这个设问起码从人性的角度来说是成立的。

在《诚信的背后》[13]这本书中，一个美国投行的经纪人用他的亲身经历对我们现身说法。作者详细描述了自己设计的一个债券模型，一种复杂的金融衍生产品。复杂到什么程度呢？复杂到光是后来计算它的本息，请了 6 位数学博士来计算，居然能得出四种结

---

①“旋转门”：美国特有的政治名词，意指政府官员、智库和大学的学者以及商界名流之间的职位转换。如克林顿政府的前财长罗伯特·鲁宾曾在高盛工作 36 年，后来又担任花旗银行副总裁；小布什政府的白宫首席经济顾问史蒂芬·弗里德曼曾担任高盛董事长。

果！这么复杂的模型哪个投资人能弄得明白？为什么要把事情搞得这么复杂？作者向我们透露的秘诀是：为了把投资人的头搞晕。只有先把水搅浑了，鱼才会上钩，所以，我相信看完这本书的人都会得出相似的结论：美国的金融衍生产品，除了市场交易部分，凡是在场外和柜台交易的，几乎百分之百都存在欺诈行为或成分！而关于美国的金融监管又是怎样缺失缺位的，书里也透露得非常清楚。按作者的说法，柜台交易的债券大部分是垃圾产品，很少有真正够得上三个 A 的。这样的垃圾债券如果没有评估机构给出很好的评级，债券的信誉上不去，就不可能卖出好价钱。于是投资银行就必须去活动、游说评估公司。过去，为了保持客观公正，美国的评估公司是不拿钱的，免费对各种产品、各个上市公司进行评估。现在不是这样，从 20 世纪 90 年代后期开始，美国相关机构网开一面，允许三大评估公司收费服务。于是乎，拿人钱财，替人消灾。在拿了申请评估的客户的钱之后，可想而知，评估公司自然就会尽力给客户一个满意的高信用等级。

当一个包装垃圾债券的金融产品被设计出来，过不了关怎么办？这时，拿人手短的评估公司就会给设计者出主意，告诉他怎样拿到最高的等级。在美国，几乎无一例外，凡是与美国政府沾边的债券，其等级无一例外都可以评为最高等级“AAA”，甚至还会外带一个加号。那么，如何让一只垃圾债券也能达到 3 个 A？评估公司会告诉你，用“巧克力蛋糕”法。就是在一只普通蛋糕上，抹上一层巧克力，就可以变成“巧克力蛋糕”加价出售。同样道理，把垃圾债券与美国政府发行的债券多少沾上点边儿，垃圾债券顿时身价百倍，摇身一变，就成了“巧克力蛋糕”。

任何垃圾债券，只要与美国政府债券捆绑在一起，哪怕只要沾上十分之一的美国债券的光，都立刻会“点石成金”，化腐朽为神奇。这样的债券，包括中国在内的各国投资人买了多少，而他们在这次美国金融海啸中吃了多少亏，恐怕只有购买者自己心里最清楚。

直到今天，还有人在为美国场外交易也就是柜台交易的金融衍生产品掩饰，说好话。不知他们是想为华尔街遮掩，还是要为自己的失误遮掩？至于这些复杂的金融衍生品对经济有什么好处，对于对冲金融风险起到了什么作用，在美国金融危机后则成了一个讳莫如深的话题。但事实却无情地明摆在那里——到今天为止，华尔街搞出来的金融衍生产品几乎没有一种没出现问题。这说明什么？除了说明百分之百的欺诈，百分之百有猫腻，还能有别的答案吗？但所有这一切，仅仅都是华尔街的错，并要由华尔街来负全责吗？这一切与近40年来美国政府的基本国策、美国的全球金融大战略没有关系吗？读一读美国政府智库著名代表人物塞缪尔·亨廷顿的《文明的冲突与世界秩序的重建》[14]，应不难理解从美元霸权的确立到美国金融危机的爆发，这一切的源头在哪里。亨廷顿在书中给美国政府出谋划策，提出了16条大战略的建议，其中有关金融的，就占了两条。这两条所强调的都是一个意思，那就是美国必须占领全球金融制高点。为什么？因为金融事关美国的国家生存。

如是，占领金融制高点，就成为美国国家大战略的基石。怎样占领？当然不是派军队，也不是美国政府出面去占领，而是靠华尔街、靠美联储的利率杠杆。正是美国政府的有意默许和纵容，才激发了华尔街的为所欲为。大量高杠杆化的金融衍生产品以金融创新的名义扫荡全球，在一定程度上支撑了美国的金融霸权体系。事实上，这也催生了“金融殖民时代的经济”。这个说法也许会让人觉得有些耸人听闻，因为迄今为止还没有人从这个角度，对当代全球金融体系给出这样一个结论或者定位。除了用“金融殖民”这个新词来概括美元霸权对全球财富的转移和全球经济的统治，人们恐怕找不出更准确的词语来命名我们今天所处的时代，正是美国的金融大战略极力维护的金融霸权，催生了全球化，也催生了一个人类历史上不曾有过的金融殖民时代。

“金融殖民”是耸人听闻还是当下现实

170 多年前，英国人用坚船利炮敲开中国的大门，把中国变成了西方列强的半殖民地。今天，我们虽然主权在握，但美国人却用美元敲开了中国的大门，用绿纸源源不断地转移走了中国人的财富。如果有人说，这与大英帝国及西方列强的炮舰殖民完全是两回事，这不是掠夺，而是周瑜打黄盖，愿打愿挨的市场经济活动，这话似乎也言之成理。特别是以弗里德曼[①]为代表的新自由派市场经济理论占据经济学主导地位以来，这一套理论把全世界洗脑洗得相当彻底。很多人都开始把丛林法则作为市场经济的游戏规则，把无情地追求利润最大化，看作是自由竞争天经地义的结果。如此一来，在自由市场经济招摇的大旗下推行的金融殖民，就因为其没有了公开的占领、直接的掠夺和赤裸裸的奴役，而显得既符合人性又符合潮流，甚至变成了整个人类对美元霸权的自情自愿的归顺，而不是从古罗马帝国到大英帝国，殖民地国家对宗主国强权的屈从。这正是美国人的聪明之处，因为它创造了人类历史上从未出现过的，不同于炮舰文明或者其他杀戮文明的一种崭新的人类社会文明形态。这一文明在很大程度上用规则和体制代替了公开的侵略和掠夺（尽管

---

① 米尔顿·弗里德曼 (Milton Friedman)：美国著名经济学家、芝加哥大学教授、芝加哥经济学派代表人物之一，以研究宏观经济学、微观经济学、经济史、统计学及主张自由放任资本主义而闻名。1976 年取得诺贝尔经济学奖，以表扬他在消费分析、货币供应理论及历史和稳定政策复杂性等范畴的贡献。弗里德曼是《资本主义与自由》一书的作者，该书在 1962 年出版，提倡将政府的角色最小化以让自由市场运作，以此维持政治和社会自由。

也不时地要用战争去解决难题，但毕竟在相当长的时间里避免了世界大战），从而使整个世界难以对这种新文明形态做出激烈的反应。很少有人能洞悉到，这充其量是另一种更隐蔽、更狡猾的劫掠他人财富的形式罢了，如同是一种打了麻药之后再开刀的手术，其实质仍是劫掠你的财富。明白了这一点，你就会懂得，世界可能乱象纷呈，但本质却只有一个。当你明白炮舰殖民也好，金融殖民也罢，目的只有一个，就是要拿走你的财富时，你还真的会认为这二者有何不同吗？你不会仅仅因为刘谦的魔术玩得可以乱真，就认为他不是在玩魔术吧？

让我们看看那些谙熟个中奥秘的权威人士怎么看这个问题，相信从他们的话里面我们会看出某些端倪。

凯恩斯早在他 1919 年完成的《和约的经济后果》这本书中，就写下过这样一段话："通过连续的通货膨胀的过程，政府可以秘密地、不为人知地没收公民的财富，用这种办法可以任意剥夺人民的财富，没有任何人能像通货膨胀这样如此隐秘和可靠地颠覆政权。100 个人当中也不见得有一个人看得见根源。"这句话显然是按照英语原来的句式翻译过来的，所以听起来有点复杂，但是仍然向我们透露了一个信息，那就是有些人可能会通过通货膨胀这种方式去没收别人的财富。当年的银行家们用这种方式没收他人的财富，某些政府也会用这种方式没收公民的财富。那么存不存在某一个拥有强势货币的国家，用同样的方式没收其他国家的财富呢？由此想到广场协议后的日本，再由此想到面临越来越沉重的人民币升值压力的中国，是不是也会有人用同样的方式把它的通货膨胀转嫁给我们，然后席卷我们的财富？

与凯恩斯的话异曲同工，格林斯潘早年说过的一段话也值得我们玩味。格林斯潘在还没有出任美联储主席之前，发表过一篇文章《黄金与自由经济》，这是他在尼克松准备宣布放弃美元和黄金挂钩的政策前写的文章。他这样写道："在没有金本位的情况下，将没有任何办法保护人民的储蓄不被通货膨胀所吞噬，将没有安全的财富栖身地……赤字财政简单地说就是没收财富的阴谋，而黄金挡住了这个阴险的过程。"格林斯潘写下这段文字时，距尼克松废止布雷顿森林体系还差整整5年时间！这个时候的格林斯潘显然是说真话的，而我们知道当时的美国就是最典型的赤字财政。格林斯潘一语中的，黄金挡住了阴险的过程。当然尼克松宣布美元与黄金脱钩不全是因为黄金挡了美元的路，但是毫无疑问，其中一定有这个因素，一定是黄金以它的沉重拖累了美国随心所欲制造美元流动性的后腿，所以必须摆脱这个沉重的黄金坠子。读了这段文字，我们也就不难理解，格林斯潘上台之后身份一变，为何就要三缄其口，不再提他曾经说过的话。因为他的身份要求他，必须为美国遮掩这个天大的秘密。

而更耐人寻味的，是格林斯潘出任美联储主席后说过的另一番话。这句话不见诸任何报端，是一位中国的经济学家到美国去，从一位美联储官员那里听到的。那位官员说，格林斯潘上任第一天，面对他的全体高管人员说了一段意味深长的话，他说："先生们，现在我是美联储的主席，在我的任期内，在这个大厅里，你们可以畅所欲言，你们可以谈论任何问题，但只有一个问题请大家免开尊口，那就是美元。"想一想，在美联储的大楼里免谈美元，让一个国家中央银行的人不再关心本国的货币，或者是可以关心它却不能谈论它，甚至是在中央银行大厅内部都不能谈论它，这难道不是一个很荒唐或者很蹊跷的事情吗？但这不是笑话，而是玄机。因为美元太玄奥了，美元的秘密太需要保守了，太不能为外人道了，除此之外，谁还能做出其他的解释？

如果有人觉得这些疑问，都只是一种主观臆测，那么不妨翻看一下这4本书：《里根政府是怎样搞垮苏联的》《金融战败》[15]、

《一个经济杀手的自白》[16]、《帝国金钱游戏》[17]，它们的共同特点是全是亲历者的见闻和反思。这几本书所讲的内容和那些经济学家们、金融专家们从课堂上学到的东西完全不同，我们可以把它称之为金融阴谋学。这些书中提供的例证都是让人触目惊心的，你可以怀疑它，但你同时却不得不要么赞叹它的想象力，要么承认它是事实。无论是从哪一种角度而言，这些作者都很了不起，因为一个人如果能够凭空杜撰这些东西，说明他有非常出色的脑力，而若不是杜撰出来的，那就一定是作者在这方面有深刻的经历。不管从哪方面说，这些书都值得一读。

如果有人仍然认为这一切还不够有说服力的话，我想再引用另外一个权威来支持我的看法，那就是斯蒂格利茨，诺贝尔经济学奖获得者，前世界银行首席经济学家。东南亚金融危机爆发之后，1998 年 4 月 6 日至 25 日，中国政府派出一个金融考察团，去了解东南亚金融危机的情况，他们去了泰国、印尼、新加坡、韩国。由于中国政府在金融危机时曾给予这些国家无私的援助，印尼、泰国、韩国这三个国家都毫无保留地把整个金融危机的情况向中国和盘托出。但是很有意思的是，它们独独有一样东西不肯拿给中国代表团看，一份文件，三个国家手里的这份文件的内容几乎一模一样，中国政府考察团在这三个国家都没能看到这份文件。一方面是它们完全向你敞开情报，另一方面却就是不让你看这份文件。这到底是个什么东西呢？

后来斯蒂格利茨把它揭示出来：它就是国际货币基金组织在救援这些亚洲金融危机受灾国家的时候，向这些受援国提出的条件。这个条件今天看起来类似于当年鸦片战争失败以后，中国跟英国签订的《南京条约》一样的丧权辱国条款，这对任何一个主权国家来说都意味着一种耻辱，人家当然羞于拿给你看。斯蒂格利茨揭开了这个秘密，文件里面是什么东西呢？国际货币基金组织要求受援国必须做到这样几点：

1. 你要接受我的援助，必须全面实行私有化，必须把金融业、电信业，以及其他各类公用事业、所有国家战略产业彻底开放。换句话说，就是允许并方便国际资本任意收购、兼并它们。

2. 资本市场的自由化，让国际资本可以完完全全、毫无阻拦、自由进出你的国家。要求这些国家对食品，甚至饮用水、天然气，事关老百姓生活的必需品都要大幅度提价。这样做最终的结果肯定是民众的示威、抗议，甚至暴乱，最后就是大量资金的抽逃。然后剩下的就是极其低廉的资产，等着别人来收购。事实上后来我们看到的就是美国以及西方一些大的企业财团蜂拥而入，大肆低价购买这些质优价廉的资产。

3. 自由贸易。让这些国家的市场向欧美市场全面敞开，美国人在这些地方如入无人之境。

这还不是最让斯蒂格利茨感到吃惊的东西。真正让斯蒂格利茨感到吃惊的是，在他当世界银行首席经济顾问的时候，发现国际货币基金组织与美国财政部在国际上联合推行的那些政策与美国在自己国内推行的政策全都相反。在《不平等的代价》[18]中，斯蒂格利茨这样写道："我们在国内反对社会保障体系的私有化，然而我们却在国外提倡它；在国内我们反对平衡预算疗法，因为这会限制我们在经济下滑时使用扩张性财政政策，但在国外，当其他国家陷入衰退时，我们却强调他们使用紧缩性的财政政策；国内我们通过破产法保护债务人，并且给予他们一个全新的开始，但在国外，我们把破产视为对贷款合同的挑衅。"

斯蒂格利茨由于说了太多的真话，在他还没有任职期满的时候，就在时任美国财政部长强烈要求下提前退休。斯蒂格利茨所揭示的仅仅是美国人在其国内外经济政策上奉行的双重标准，还是仅仅反映出了美国人对于不同问题采取了不同的处理方式？都不是，这是美国人的精心算计，这种算计如果大白于天下，恐怕最坚定的市场原教旨主义者，也很难不把它称作阴谋吧。

为了使读者对美国及西方经济、金融领域弥漫的阴谋气息，有一个更宏观的了解，或者说，为了使每个非西方人懂得，这种阴谋气息不仅为美国独有，也许有必要在这里提及另一本书：《富国陷阱——发达国家为何踢开梯子？》[19]。这本书的作者叫张夏准①，一位韩裔英籍经济学家。他在研究了近200年来整个西方发达国家获得财富的历史后，发现了一个引人深思的现象，那就是西方发达国家，不管是哪个国家，在它们获得财富充分发达起来之后，它们定会像猫拉屎一样回过身把自己的屎掩盖掉，不留下任何痕迹，绝不让别人学它发财的办法，它告诉你的一定不是它的致富诀窍。这本书可以作为斯蒂格利茨重大发现的注脚。

更让美国政府无法容忍的是，斯蒂格利茨揭开了更大的秘密，他在参与亚洲金融危机的救助工作时，发现了一个若隐若现、协调一致的华尔街——美国财政部指挥轴心。其实施步骤是：由美国财政部指导国际货币基金组织，组织国际金融体系，踢开某一个国家的市场大门，然后让华尔街的金融公司浩浩荡荡趁虚而入。那么，类似的事情，华尔街和美国的财政部及美国的金融决策机构以前有没有联手干过呢？我们只需要调出一份美国历任财政部长和美联储主席、世行行长的名单，看看他们之中有多少人出自华尔街，就可以明白了，谁会相信除了斯蒂格利茨这一届所看到的这些事情充满阴谋色彩以外，其他的时候从来没有阴谋过？没有人会相信这一点。

我们无法相信这些出身华尔街的高官们，他们变身为美国的政

① 张夏准，1963年出生，韩国发展经济学泰斗。他曾写过多本经济政策书籍，其中包括2002年出版的《踢走梯子：历史眼光下的发展策略》，这本书获得了2003年缪尔达奖（Myrdal Prize），被翻译成七种语言。他在世界银行、亚洲开发银行、欧洲投资银行担任顾问，还曾在乐施会任职。

府官员后，就不再为华尔街牟利，就不再要弄他们早已娴熟至极的阴谋。那么这些阴谋有没有针对中国使用过？答案是显而易见的。接下来的问题是，中国如果接受了欧美特别是美国的条件，按他们的要求制定自己的金融政策，就可以避免发达国家针对中国的金融阴谋吗？答案当然是否定的。

我不能理解为什么会有这么多经济学家和金融学家对“阴谋论”这个词嗤之以鼻。你对西方政治体制下的金融运作抱有一种天然的好感和信任，这是可以理解的，但这种好感和信任不应该让你的良知忽略甚至忘却一个根本问题：商人的本性、资本的天性就是逐利。如果你的专业知识让你仅承认国际金融体制是有缺陷的，是不完善的，而不相信这些缺陷和不完善本身就和阴谋算计有着千丝万缕的联系，更重要的是忘了西方的特别是华尔街的金融家们也是人，也是有着天然逐利本能的人，而一味地盲信教科书上的假定，把这些人全看作是“理性的人”，那么，你当然不会理解这些人在追逐利润最大化时，会做出多么疯狂的举动。

问题是他们的确很疯狂。否则，怎么理解这一场源自华尔街进而席卷全世界的金融海啸？我们不用去举更多的例子，只消看看世界上有些地方，一些很奇怪的小地方，比如塞班岛和泽西小城，这些名不见经传的地方，它们有什么资格成为离岸业务的集散地，成为开展重要金融业务的所在呢？就是因为它们可以逃税、避税，可以转移非法所得，可以把那些金融大鳄们巧取豪夺来的财富在这里化于无形，还可以把黑钱洗干净。

既然有这样一些地方，大量聚集金融家，包括美国金融家，这些人在这里游走得如鱼得水，你怎么会相信这些人是诚实无欺的守法商人，相信他们不搞阴谋诡计，两手清白？如果有人信誓旦旦地做出这样的断言，那他不是天真，恐怕就是有意在为虎作伥。现在，这些人和他们背后站着的那些国家正开始对中国30

年打拼积攒下来的财富虎视眈眈。当针对中国的充满阴谋气息的金融战争，一点点临近中国金融边界的时候，除了未雨绸缪、早做准备、正面相对之外，难道我们还有别的选择吗？如果我们装作视而不见，并且不但自己视而不见，还要求我们的决策层也使用鸵鸟政策——有些人就是这样为我们的决策层建言献策的，不管这些人的本意如何，这样一种做法都在客观上与以美国为主的西方的种种金融战略行动形成了遥相呼应，里应外合，这不是为虎作伥是什么？

中国人的财富如何成为华尔街的盛宴

中国的外汇储备一度达到 4 万多亿美元，金融资产超过 8.7 万亿美元，在某些人眼里，这只曾几何时的丑小鸭，现在终于变成了肥天鹅。难怪有人半调侃半警示说，现在连中国人都有能力自己制造自己的经济危机了，比如我们的房地产泡沫、我们的股市泡沫。但实事求是地说，这些泡沫也不完全是我们自己给自己制造出来的，近年来中国的楼市、股市泡沫，难道与欧美逼迫人民币升值没有关系吗？与国际热钱通过各种渠道潜入中国没有关系吗？今天，当经济全球化的列车呼啸而过的时候，美国和西方国家会发现，在此时打压中国是它们最后的机会了，这是设立对中国经济的拦阻线的最后机会。它们肯定会抓住这个已为数不多的时机。那么什么是在当下席卷中国财富最便当的方法呢？打经济战、打贸易战，包括跟中国在打火机和玩具方面玩玩贸易战，这些都是雕虫小技。要想一揽子席卷和没收中国人辛辛苦苦积累起来的庞大财富，除了金融战，没有更好的办法。

现在有一句话叫“天下围攻人民币”，为什么要围攻人民币？因为金融的浩劫才是一切浩劫中最恐怖的浩劫。日本前车可鉴，于是逼压人民币升值，指责中国操纵汇率，借口永远都会有。毫无疑问，中国的经济体制、金融体制确实存在问题，但哪些问题是我们必须认识和解决的，而哪些问题是对方强加给我们的，这些都是需要我们一一弄清楚的。

美国人非常善于打规则战，其实在金融战里，在阴谋论中，最重要的手段之一就是规则战。美国束缚中国的最新一条绞索形成于2007年6月15日，国际货币基金组织通过一项决定，对成员国政策的双边监督决定，这个决定最主要的内容是：它无须证明一个国家是否在操纵汇率，只要它的政策造成汇率根本性的失衡，或者大规模、长时间地造成贸易逆差或顺差，国际货币基金组织就可以认定你在操纵汇率。表面上这是国际货币基金组织对全世界一视同仁制定的政策，其实是专门为中国量身定做的一条绞索，这个绞索正好适合中国人刚刚伸长的脖子。中国政府理所当然对此提出抗议，但是抗议有什么用呢？当它变成一条规则的时候，你再抗议也得执行它，只不过看看你有没有本事，一边执行它，一边尽量躲避它对你的打击。但是你要想完全让这条绳索不套在你的脖子上，看来很难，因为你没有制定规则之便，你没有话语权。美国这样做，未免霸道，但是你对它无可奈何。

这很容易让人想起当年日本被广场协议套住脖子之后，美国又用巴塞尔协议[①]套在日本人的脖子上，这些最终都成了要日本人

---

① 巴塞尔协议，全名是资本充足协定（Cital Accord），是巴塞尔银行监管委员会成员为了维持资本市场稳定、减少国际银行间的不公平竞争、降低银行系统信用风险和市场风险，推出的资本充足比率要求。在1988年首次订立，并于2003年作出了第二次的修订。2010年9月，巴塞尔银行监管委员会管理层会议在瑞士举行，27个成员国的中央银行代表就《巴塞尔协议III》达成一致。日本于1989年采纳巴塞尔协议，但是，日本的银行自有资本比例一直很低，如果没有因股市飙升带来的庞大账外资产，日本的银行是无论如何满足不了巴塞尔协议对银行资本充超率不低于8%的规定。为了达到巴塞尔协议的规定，日本各银行在国际融资中采取了收缩政策。在日本股市泡沫破灭后，日本各银行的账外资产逐年快速下降，自有资金比例随之下降，使得日本各银行大规模缩减国内和国际的贷款规模。

命的夺命索。而同样的手段 20 多年后再次使用，对中国意味着什么？还需要我们挑明它吗？在两个相似的东西之间一定有某种内在的逻辑关联，我们可能无法举出确凿的证据，其实也没有必要举出确凿的证据，来证明美国和西方在一场针对别国的金融战中耍弄了多少阴谋，但是我们仍然可以通过逻辑论证这个问题，幸运的是我们的先哲发明了逻辑，逻辑使我们对那些一时无法用事实和证据加以证明的东西，起码可以进行推测和判断，这就使我们不一定非要跟别人一样，摔了跟头吃了苦头之后，才知道什么东西是错的，哪条路不能走，哪些人和事得绕着走，不一定非得自己吃一堑才能长一智，那样对拥有庞大财富的中国来说，付出的代价、交出的学费未免太昂贵。我们完全可以看别人吃一堑，自己长一智，这样中国的财富才可能不至于成为华尔街金融大鳄们餐桌上最豪华的一道大餐。

最寒冷的冬天正在来临

如果我们确信美元周期律真实存在，这是否意味着全球化经济史上最冷的冬天，就要降临了？

尽管也有人拿出了一些相反的证据，来抵消悲观预测给人们带来的疑虑，但我却宁肯接受：用悲观清醒的态度，警惕即将到来的冬天。

那么，这个冬天是怎样形成的，而它又将以怎样的方式寒彻全球？这就需要我们深入洞察美国人的核心机密——金融大战略，当这一大战略的内核被层层剥开，令人瞠目地展现在世人面前时，它一定会让每一个人都在叹为观止的同时，又心生骇然。你不能不暗自叹服美国战略设计师的精明和老到，在运用金融杠杆捍卫美元霸权或曰美国霸权方面娴熟的技巧和高超的手腕——把整个世界操弄于股掌之间，竟还能让你浑然不知！更让人叹服的是，这些美国“战略金融大师”们在世人的眼皮底下，把实实在在的阴谋玩成了阳谋，把明明白白的危机玩成了机遇，让你即使心知肚明也无可奈何，明知是火坑也不得不往里跳。我相信未来的世界金融史在书写这一段落时，一定会把它描述为人类金融史上的奇观。

看看这些美国人化危为机、“点石成金”的本事！

2008 年，在把虚拟经济玩到花样穷尽时，终于在美国，而不是在其他地方，爆发了金融史上最严重的金融危机。随着雷曼兄弟等重量级金融机构的倒下，人们再次想起了一个“古老”的话题：美国衰落。甚至连我本人也认为这一次美国在劫难逃。

但是，仅仅 6 年时间，美国人就卷土重来了——虽然我坚信这仍然避免不了美国终究将在 21 世纪衰落的大趋势——但美国人在如此短暂的时间里，显示出如此超强的修复再生能力，还是令人生畏。

尤其让人惊讶的是，美国在其舞弄了近半个世纪的金融权杖上，刚刚嵌上了一颗最大最亮的宝石——全球金融监管权。要知道这是美国获得真正的金融霸权 40 多年来，即使在金融危机前的巅峰时期也不曾获得过的权力！

但是，美国人却以对金融危机反思纠错之名，轻松愉快地就把这个它梦寐以求的权力揽到了怀里。换句话说，美国人以道义之名占据了全球金融制高点。

金融分析师时寒冰这样写道：“仅仅 1 英镑，Libor（同业拆借利率）的掌控权就从欧洲转移到了美国。这是一次意义重大的权力交接。”[20]

攻下这一在英国人手中攥了 30 年的阵地之后，美国金融特战队长驱直入，“把美国的金融监管权扩大到海外，动辄对海外的金融机构进行调查，动辄处以数亿美元的罚款，这实际上是让全世界的金融机构在美国的监管之下裸奔！美国金融警察角色让它成为超级金融强权下的最大受益者”。通过时寒冰的描述，我们看到英国的巴克莱、汇丰、渣打，瑞士的瑞银、韦格林，再后面是德意志银行、莱斯银行、苏格兰银行、意大利裕信银行……这一长串猎物名单上最新上榜的是法国巴黎银行，一家接一家，在美国以金融调查为名的打压下，纷纷交清了罚款，亮出了白旗。

——这真是美国式的让人大跌眼镜的咸鱼翻生！

但美国人不会就此止步。或者说，这只是美国人化危为机的第一步。接下来，我们还将看到这盘大棋的第二步、第三步、第四步……

2014 年 9 月 27 日，美联储第一位女掌门耶伦已宣布美国结束 QE，这意味着美国又一次关闭了泄洪闸，结束“量宽”。但多少人对这一看似只是个有始有终的金融动作可能带来什么后果有足够的警觉和认知呢？当“量宽”结束后，就像泄洪闸突然落下了闸门，下游的水流将骤然收窄，这意味着美国对全球的货币供应将一下子收紧，然后，美联储将祭出它在让美元由弱转强时的惯常手段：加息。于是，国际资本就会像被施了催眠术那样地大批转向，接踵涌入美国，去推高美国的债市、股市，让美元强势，让美国的资本市场进入又一波大牛市。

反观之下，其他国家，无论是发达国家还是发展中国家，特别是金砖国家，将因为资本在眨眼间断流而不可避免地陷入新的金融危机。

这时，如同我在前面提到的，美国人用金融大剪刀剪全球羊毛的季节就到来了。届时，有多少国家会因为事先做好了准备而能躲过这一劫呢？放眼全球，我看不到有哪个国家真正对这一恐怖前景了然于胸，从而备好应对之策。我们能看到的，都是些鼠目寸光之辈，在为一些眼前的蝇头小利争得你死我活。其结果，就是大家一起，有意或无意，为美国人剪全球羊毛，席卷全球财富，创造满足其最后一项条件的要素：地区性危机。因为，不管美国人如何高明，不管美元如何强势，它想要收割全球财富，其战略步骤的最后一步，都必定需要某一热点地区出现牵一发而动全球的危机。而危机一旦到来，美国人用美元收割全球的机会就最后成熟了。99摄氏度水温再加1摄氏度，沸点就到来了。危机，在这个时刻，就是压倒骆驼的最后一根稻草。在危机带来的一片萧条之中，美国人像他们在阿根廷、泰国、香港地区、韩国、俄罗斯曾经做过的那样，以极低廉的价格，收割着所有遭遇危机国家和地区的优质资产……

在下一轮更长的被收割者的名单中，会不会添上中国的名字呢？仅仅是想到这一点，都让人不寒而栗！

有关数据显示，美国人摆脱经济危机的办法有三种：一是利用危机，二是提高汇率，三是利用科技创新带来经济增长点。在这三种办法中，利用危机脱困的比率高达60%。明白了这一点，还有什么想不通的呢？想想看，正如前所说，为什么随着美元指数周期开始走高，中国的周边如此密集地出现麻烦，从中日钓鱼岛，到中菲黄岩岛，再到中越南海冲突，这些随时可能由争端转化为地区性危机的事件，难道都是些孤立的、互不相干的小概率事件吗？再想想，美国人在俄罗斯收回克里米亚这样的大事件上都能隐忍下来，却在中国与周边国家的争端问题上咬住不放，甚至有意拱火，让东海、南海局面一再恶化，其背后究竟隐藏着多大多深的动机呢？如果我们不把它称为阴谋的话，又将称其为何物呢？

当我们看穿了美国的这一金融大战略魔术，再把它与时下中国周边骤然紧张的地缘态势联系起来看，特别是当日本政府逆历史潮流而动，公然以解禁集体自卫权的名义，让日本拥有其久违了大半个世纪的战争权力之时，美国仍然以默许的方式给予支持。而这将使日本完全可能在钓鱼岛或中国周边某处海域，以武力制造一场地区性危机。这是否是美日之间一种更深的战略默契？或者把话说得文明些，这是否是美元指数周期律的又一个 99 摄氏度加 1 摄氏度的新例证呢？如果这一研判成立，那么，美国人想“重返亚洲”干什么不就一目了然了吗？

重振或衰落

美国战略大调整能否避免颓势

2012 年一开年，美国即高调宣布将战略重心转向亚太地区，经济、军事、外交、安全，多管齐下，动作频频。特别是奥巴马总统与国防部长帕内塔、参联会主席邓普西，联手发布《维持美国全球领导地位：21 世纪世界国防优先任务》的战略评估报告，更引起全球一片热议。美国究竟意欲何为？这次调整的背景原因和所要达到的目标是什么？美国是否可以通过这次调整挽回颓势，避免衰落？都需要世人悉心揣度，深入探究。

重振或衰落：美国战略大调整能否避免颓势

2012 年一开年，美国即高调宣布将战略重心转向亚太地区，经济、军事、外交、安全，多管齐下，动作频频。特别是奥巴马总统与国防部长帕内塔、参联会主席邓普西，联手发布《维持美国全球领导地位：21 世纪世界国防优先任务》的战略评估报告，更引起全球一片热议。美国究竟意欲何为？这次调整的背景原因和所要达到的目标是什么？美国是否可以通过这次调整挽回颓势，避免衰落？都需要世人悉心揣度，深入探究。

清醒又无奈的选择：战略重心东移

2008 年金融危机重创美国。在历经数年的战略摇摆之后，美国开始了半个多世纪以来战略重心的重大移动。奥巴马总统宣称自己是“美国第一个太平洋总统”。美国国务卿希拉里·克林顿也发表题为《美国的太平洋世纪》的文章，声言今后 10 年美国外交最重要的使命是大幅增加对亚太地区外交、经济、战略和其他方面的投入。表面上看，这只是美国从全球扩张变为偏重亚太，从以大西洋为重心到以太平洋为重心的战略资源和力量投送的改变，但究其实质，则可看作是美国意识到自身实力不逮后的全球战略收缩。

此后，奥巴马和他的团队，在西太东亚上演了一连串令人眼花缭乱的政治杂技。先是通过“天安号事件—延坪岛炮击—黄海军演”以及“钓鱼岛事件”，把本已有离心倾向的韩日两国重揽入怀。稳住东北亚的阵脚后，又掉头南下，以联合军演的方式激励越南、菲律宾在南海反复滋事；恢复对台湾出售武器；向缅甸政府释放“善意”，在原本关系不错的中缅之间打进楔子；跟新加坡谈判部署沿海快速舰基地问题；在澳大利亚的达尔文港建立一个驻扎 2500 名海军陆战队的军事基地；与印度建立“战略伙伴”关系。

在打完这一系列地缘战略的组合拳之后，真正富有深意的战略动作也随之出台，那就是主导甚至主宰亚太经济。因为在美国人看来，一切战略利益，最终都要表达为经济利益，而经济利益的获得，只能通过财富的转移来实现。环视全球，受美国经济影响和欧债危机拖累，大多数国家的经济都表现低迷。只有亚太地区，由于有渐成地区经济火车头的中国牵引，尚具活力。对美国来说，无论是让自己经济脱困，还是要从亚洲的经济增长中获利，都必须刻不容缓地向亚太开刀。因为如果现在不动手，等到亚洲国家围绕中国重新排起新的雁阵时，美国再做什么，恐怕都为时已晚。

美国高调“重返亚洲”，其战略目标一箭数雕：一是占据亚太龙头地位，主导“太平洋世纪”，确保太平洋地区继续成为美国的“提款机”，成为它与欧元区竞争的根据地；二是遏制中国势头，不容任何国家挑战美国霸权。国际货币基金组织判断，2016 年中国 GDP 总量可能超过美国，到 2030 年，中国可能大大超过美国，甚至可能超过美国三分之一，或接近二分之一；到了 2050 年，中国可能就将在经济实力上完全超过美国。尽管这只是一种预测，但此一前景已足以惊出美国人一身冷汗。为了延缓甚至阻止这种可能性变成可怕的现实，奥巴马政府尽管仍对有可能被德国整合统一的欧洲放心不下，但在权衡再三后，还是决定移动自己的战略重心，从地缘和币缘两大战线环绕中国展开了一连串打压动作，大有先压住中国的势头再说的架势。但透过近期美国对中国又打又拉且雷声大雨点小的种种举动看，美国的着力点还在于如何尽快走出困境这一点上。从美国此番为配合战略调整，使用的策略被冠名以“巧实力”，也可看出其手上可打的牌已很有限。打压中国，除了遏制中国对其老大地位的挑战外，更紧迫的，还是要让中国在经济上向美国低头，在更大程度上为美国经济复苏做贡献。

美国在亚洲地区的主要策略就是“制造麻烦，控制危机”，因为只有制造麻烦才能创造出美国重返亚洲的战略需求，才能拖住老盟友和吸引新伙伴，也才能显示美国实力水桶中最长的“军事长板”。过去美国的策略是“水涨船高”，各国是水，美国是船，船被水高高托起，大家好，我更好。现在美国自己遇到了麻烦，水涨船高的可能性没有了。另一个策略就浮出水面，“水落石出”，用弱化别国来相对凸显美国的“强”。现在美国对中国的策略就是“水落石出”，用一切手段让你不好过，在相对比较中，你仍不如我，办法就是不断给你制造麻烦。

不过，即便美国这次战略重心东移针对中国的意图如此强烈，我们对美国战略意图的判断和应对仍不宜反应过度。因为美国作为一个成熟的世界大国，当然懂得国际事务不可能完全由霸权决断。你可以一超独大，但不可能一手遮天，很多事都需要同别的国家特别是大国合作，也就是通过共治才能实现。太平洋区域肯定是需要共治的。中国也肯定会是美国在太平洋地区共治绕不开的因素。因此，美国对中国的基本策略，只能是尽力挤压中国的空间，挤压中国应得的利益，以便制造更多的筹码，最大限度地与中国讨价还价。

在这个大前提下，可以判断美国重回亚太针对中国的目的，是要用亚洲安全问题来遏制中国，给中国“去势”，使中国更加温顺地与美国走到一起，在它伤口修复差不多的时候，再跟欧洲进行一场货币霸权的对决。就此意义上说，美国不会希望亚太地区的危机失控，也不希望与中国全面对抗，因为在与欧元区博弈和吸收亚太地区能量的过程中美国还需要借重中国。

这一意图在一件事上暴露无遗：2012 年新年伊始，奥巴马和希拉里轮番出击，极力架空甚至废弃已存在了近 20 年的 APEC 机制，然后，借壳上市，把原本默默无闻的 TPP[①]，变成美国主导乃至主宰亚太经济的新平台，为亚太经济重新定则立规，意在用其将亚太国家一网打尽，独独把中国排除在外。其用意并非真要排除中国，因为今天的世界经济，排除了中国只会更糟，所以，其用意只在使中国屈服，给中国经济戴上笼套。

TPP 作为美国排斥中国的经济战略，主要目的有三点：第一点是要解决美国的经济安全问题。美国人认为在过去 20 年里美国经济过于依赖中国，要摆脱这种依赖，需另起炉灶。第二点是要为互联网经济时代制定新游戏规则。WTO 的贸易规则是美国人 17 年前主导确立的，很多规则已经不适合今天的全球经济形势，同时互联网经济的出现需要新游戏规则，美国人不希望中国成为新游戏规则的参与者和制定者。其意图就是要在制定新游戏规则时，又一次把中国排除在外，等它制定完规则以后再让中国加入，那时将迫使中国做出更多类似于加入 WTO 时的让步。第三点则是要借 TPP，阻止中日韩东北亚自贸区出现。美国为什么视东北亚自贸区谈判为眼中钉肉中刺？因为美国要接受欧盟和欧元的教训。欧洲共同体变成欧盟，又成功推出了欧元，使欧盟顿时成为世界第一大经济体，这时，

---

① TPP：跨太平洋伙伴关系协定（Trans-Pacific Partnership Agreement），也被称作“经济北约”，是目前重要的国际多边经济谈判组织，前身是跨太平洋战略经济伙伴关系协定（Trans-Pacific Strategic Economic Partnership Agreement，P4）。它是由亚太经济合作会议成员国中的新西兰、新加坡、智利和文莱四国发起，从 2002 年开始酝酿的一组多边关系的自由贸易协定，原名亚太自由贸易区，旨在促进亚太地区的贸易自由化。

美国人才为时已晚地发现欧元对美元霸权将构成强大挑战。所以这回，美国决不能容忍再出现新的挑战者。

因为一旦东北亚自贸区形成，世界第三大经济体就将出现。而东北亚自贸区一经出现，就不会停步，它一定会南下整合东南亚，形成东亚自贸区。然后，继续向西，整合南亚次大陆：印度、孟加拉、斯里兰卡，接下去再整合中亚和西亚，这样，50万亿美元规模的经济体就会出现，比欧盟和北美加起来还要大。这样一个经济体它会愿意使用美元或者欧元进行其内部贸易结算吗？肯定不会。它一定会推出自己的货币，其结果就是导致世界货币三分天下，美元、欧元、人民币，美元只能三分天下有其一。想想看，三分之一的美元霸权，还叫霸权吗？所以说美国人在默默接受欧盟、欧元坐大的教训以后，势必要防患于未然，提前打击东北亚自贸区。结果，通过中日钓鱼岛争端，美国人成功地阻断了东北亚自贸区谈判的进程，也就顺带阻断了亚洲经济共同体乃至其区域货币出现的可能性。

从“在亚太战略再平衡”到TPP，这一系列动作，从战略设计到付诸实施，可谓步步精心，有板有眼。从中可看出美国战略决策层的心机。但与此前美国近半个世纪的国家战略相比较，此番的重心“东移”，有着力过猛之嫌，虽不失清醒和精明，但也少了强势和霸气。究其原因，除了力所不逮，底气不足，很难让人给出其他答案。

N多个因素促美战略调整

（1）受金融危机重创，“空心帝国”风光难再

美国次贷危机引发的金融海啸并没有过去。美国经济今天远不是尚未复苏的问题，美国次贷的第二个债务违约期已经开始，而2007年至2008年次贷危机中被掩盖的美金融机构的有毒资产，也

陆续开始释放。这对美国经济复苏是一个沉重的牵制和打击（中国亦不能幸免。因为这一轮危机会导致美国经济进一步衰退，再通过贸易联系传导，使世界贸易整体衰退，从而导致中国的外需萎缩，压抑中国经济增长），也是美国政府极力在欧债问题和南海问题上做文章的重要原因。因为美国政府不希望全球视线过分聚焦在美国遇到的麻烦上，从而动摇对美元和美国的信心。

美国债务上限问题的几次艰难解决，虽然让美国也让全世界的债主们松了口气，但谁都知道，这并不能从根本上解决问题，尤其解决不了美国仍需靠借债度日的本质问题。国际货币基金组织最新数据指出：美国国债已占其 GDP 的 103%。美国前财长承认，美国政府每花 1 美元，其中就有 40 美分是借的。包括国债在内，美国公私债务总额已高达 55 万亿美元，人均负债 17.6 万美元，家庭平均负债 67 万美元。而美国年度税收仅约 3 万亿美元，中等家庭年均收入约 5 万美元，这说明美国已深陷入不敷出的债务困境。因为这一问题是与美国靠向全球输出美元这一方式生存联系在一起的，这一“特里芬难题”是美国经济愈来愈解不开的死结。

如前所述，造成美国经济今天这一局面的，是美国从布雷顿森林体系建立到解体后的大半个世纪里，由于掌握了国际流通货币的金融高端优势，而逐渐放弃了对那些处于低端的实体经济的眷顾。美国之所以过去 40 多年里把大部分中低端制造业当作“垃圾产业”转移出去（只把高端技术产业和高附加值产业保留下来），是确信可以通过全球信任的美元体系，使新兴国家成为为其提供廉价低端产品的加工厂，也就是为挣美元给美国打工。所以美国的制造业几十年来一直在向全世界转移。直到金融危机爆发，美国才发现产业空心化很危险。于是，奥巴马才重提“再工业化”，意在恢复美国的实体经济。但对连拿政府救助金都比发展中国家工人工资还高的美国人来说，谁还愿意回头去干又苦又累工资又低的制造业？而如果要提高工资，则将挤压企业主的利润空间，让他无钱可赚。何况这些年连续的制造业转移，美国制造业的产业链环境已不具备，丧失了制造业恢复的基础。乔布斯生前就明确告诉奥巴马，我可以把利润交给你，但是我无法为你提供就业。这就是美国近两年“无就业复苏”的主要原因。这也意味着美国的再工业化，制造业复苏基本是画饼充饥。在这种情况下，美国已经变成了一个除了美元和少量高端制造业，完全寄生在其他国家特别是发展中国家身上的“空心帝国”。而当美国为脱困不断实施“量化宽松货币政策”，滥发美元，使美元越来越弱势，美元的信用也日益受到普遍质疑时，美国人那种即使没有“实体经济”，单靠“虚拟经济”也能过好日子的局面，就难以为继了。

这种情况下，美国除了把目光投向被中国经济引领，仍然以令人羡慕的速度高速增长的亚太地区，以期最大限度地切分“太平洋世纪”的红利，可以说别无选择。

（2）欧债危机与美国的东移西顾

从东南亚危机结束，中国的经济开始加速度运行以来，美国就一次次打算将其战略重心向东转移，一是为了从亚太特别是中国的经济高速增长中获利，二也是为了控制乃至必要时遏制中国的势头，使一切尽在自己的掌控中。但美国在欧洲的重大战略利益，使其一直无法无所顾忌地走出这步大棋。

200 多年来，全球权力的重心始终在大西洋两岸移动，美国全球战略也始终是以控制大西洋地区为基轴向全球辐射，欧洲则在大英帝国衰落后，一直是美国的战略重心，但一场既出人意料又不可避免的金融海啸，极大地削弱了美国对欧洲的控制力。最说明问题的证据是，自 2009 年年底以来，美国不断用调低主权债务评级的方式打击欧元，直接推动欧债危机的爆发。但是欧盟却没有因此而倒下，反倒更加不可阻挡地走向了统一；另外一个明显证据是利比亚战争。这场战争头一次不再像苏伊士运河战争以来在中东、北非地区爆发的其他战争那样，全是由美国主导，而是一场由欧洲主导的战争，这场战争的胜利当然也是欧洲人的胜利。

过去 30 年，美欧从实体经济联系来看，呈逐渐分离的态势。欧洲经济特别是在欧元统一以后变得越来越内向，内部贸易比重不断上升。但越是这样，它就越不可避免地变成一个对美国利益的挑战者，特别是这次中东巨变的背后，就隐现出美欧在中东地区争夺货币霸权的影子，欧洲有可能借中东巨变，特别是利比亚战争和下一步可能出现的叙利亚战争、伊朗战争，去深入整合大中东地区，形成欧盟 + 环地中海地区的欧元结算体制。

正是这一因素让美国人对欧洲放下，也是其在下定战略重心东移的决心后，依旧要频频西顾，不断回过头去看欧洲，原因是美国一直有很深的担心，那就是德国掌控下的欧洲统一。如果事实上的欧洲之首德国不能在它的主导下统一欧洲，欧洲分裂或者欧元分裂，将不是没有可能，而更大的可能则是被德国统一的欧洲出现在世界版图上，这是美国人最不愿意看到的前景。

因此，不管是美国人自欺欺人，对美欧经济利益的竞争性矛盾刻意回避，还是想以共同价值观形成应对中国的战略同盟，美国战略重心东移，并不能真正改变当今世界主要矛盾还是美欧，而非中美的现实。对美国来说，威胁它的生存的还是欧元对美元霸权的挑战，而不是中国对美国的贸易顺差以及意识形态差异。美国主要的重大的战略利益还在欧洲，尽管这次欧债危机使欧洲泥足深陷，总算使美国获得了战略重心东移的机会，但美欧之间的深层矛盾，会因为美国要先应对当务之急的中国崛起，而装作对其视而不见而改变吗？恐怕很难。

（3）战略分量变轻的“大中东计划”

进入21世纪以来，美国为推进大中东战略付出了巨大的代价，却并未真正实现最初的战略意图。并未从这一计划的执行中获得多少好处，反而极大地消耗了自己的国力，给美国经济带来了沉重的负担。美国在伊拉克十余年时间共阵亡近5000人，据奥巴马本人承认直接花费超过1万亿美元，经济学家斯蒂格利茨更是称总花费已达到3万亿美元。在阿富汗战场，美国十余年中共阵亡约1800人，据五角大楼估算总花费达到3232亿美元。巨大的代价，给推翻阿富汗塔利班和伊拉克萨达姆政权的功绩蒙上阴影，也使美国人不得不对几无实现可能的“大中东计划”进行反思和修正。但这还不是美国可能将逐渐从中东地区淡出的真正原因。

根据第一财经研究院2011年7月4日《战略观察》第10期《美国海外石油的战略收缩》报告，美国的石油供应已经向本土和西半球收缩。从2007年开始，美国从石油输出国组织（OPEC）国家进口石油总量每年减少100万桶。目前美国的石油进口一半以上来自西半球，对中东的依赖仅为17%左右。美国在能源上依赖中东和阿拉伯世界的情况已经有了很大变化。

该报告还认为，随着美国在巴西、西非等地的石油开采和石油进口增加，加上美国国内的页岩气等资源的开发加速，美国对中东的石油依赖将会进一步降低。

尽管美国在中东的利益不仅是石油利益，地缘战略利益对美国同样十分重要，但对中东的能源依赖的减少，确实将使美国的中东战略更少地受到阿拉伯产油国的牵制。美国今后在中东的行动余地将增大，驻军的需要也就相应地减少。这也是美国能够将其战略重心向东移动的重要因素。

（4）应对中国崛起，从摇摆不定到下定决心

从“利益攸关方”到“战略竞争对手”再到“假想敌”，十几年来，美国对中美关系的定位一直处在摇摆不定之中。而就在这一时期里，中国的GDP总量从世界排名第五，飞速攀升至亚军的位置，而中国的军费，正以每年占财政预算两位数的幅度递增。与此同时，太平洋地区也开始呈现让美国人担心大权旁落的迹象，由中国主导的中日韩东北亚经济和东盟“10+3”经济日渐脱开美国蓬勃发展。这使美国在以忧心忡忡的目光关注着中国体量的变化和肌肉的增长多年之后，终于停止了它对中国战略判断的摇摆，下决心对中国崛起的势头进行预防性遏制。这使奥巴马政府对中国的态度之强硬、举措之严厉，超过了自老布什总统以来的历任美国总统，甚至超过了以牛仔作风示人、主张“先发制人”的小布什。

美国对中国政策的改变，与其说与奥巴马及希拉里的个人风格有关，不如说与整个西方世界对中国崛起的恐惧，特别是美国对中国的发展最终将对其霸权发出挑战的担心有关。而对中国的高速发展对世界特别是周边国家产生经济向心力的忧虑，更使处在经济困境中的美国心急眼热。因此，当欧洲处在债务危机的泥沼中不能自拔，“大中东计划”在美国的战略棋盘上分量变轻之际，美国把其战略重心向东移动，拿出更大更多的精力应对中国，也就毫不令人奇怪了，唯一让人怀疑的是美国的意图是否可能得逞？

与战略收缩态势匹配的新军事战略

作为与美国国家战略的配套项目，2012年新年伊始，美国公布了新军事战略。对全世界来说，此次美国推出新军事战略，最大的变化就是改变了其长期奉行的战争实力原则，即从过去要求其军队

在东西半球"同时打赢两场战争"，转变为"具备打赢一场大规模常规战争的能力"，同时在另一场可能同时发生的突发冲突中起到"干扰、破坏、威慑"的作用。对不到10年前还执行"先发制人"战略的美军而言，这可以说是一个根本性的变化。

美国奉行"同时打赢两场战争"的战争实力原则已经长达50年。1961年，时任美国总统肯尼迪将原来的"大打、打核战争"的战争原则改为"同时打赢两场半战争"，即同时在欧洲和亚洲各打赢一场大规模战争，并在非洲或其他地方打一场小规模战争。这是"两场战争"战略的肇始。此后30年，在与苏联对抗的情况下，美军始终保持其对军队的这种能力要求。而今美国一超独大，却要把对军队战争能力的要求改为打赢"一个半"战争，这其中的缘由和变化耐人寻味。

应该说，这些调整不失为战略层面上的清醒之举。美国政府和军方当局正确认识到了当今时代的形势，认识到了美国实力的相对衰减，也认识到了中国和其他新兴国家的崛起态势，从战略高度确认了"太平洋世纪"的到来。这份新军事战略正是对这些变化的应对，其目标是给中国的崛起设置障碍，应对未来世界的挑战，从而尽可能延缓美国衰落的速度，延长美国的全球霸权。

对中国来说，美国新军事战略变化真正值得重视的首先是军事部署的重心之变。根据这一战略美军将减少在欧洲的部署，把重心转移向亚太。这表明美军现有的九大司令部中，太平洋战区司令部的地位和作用将大大提升。其次是在公开的军事战略中明确将中国视为假想敌，这在美国人的做法中，尚属首次。此前，美国只是将伊朗这样的国家明确为假想敌，而把中国和俄罗斯称为"战略对手"。

早在美国军事战略做出正式调整之前，美国就一直在为把中国"升级"为假想敌做各种铺垫。比如利用"天安舰"事件等突发事件，加强与日韩等国的军事合作。利用南海问题，拉拢与中国存在领土争端的一些亚洲国家。美国的如意算盘是，利用乃至制造中国与周边国家的紧张关系，为其重返亚洲铺平道路；而美国的介入又将进一步加剧中国与相关国家的紧张关系，强化这些国家对美国的军事依赖，从而巩固美国在亚洲的政治和军事存在。

这一连串在美国新军事战略发布前完成的动作，使很多媒体自然而然将此次美国战略之变解读为单纯"针对中国"。但眼下，将中国列入美国的假想敌，还只停留在美国人的口头上。美国太平洋地区的军事部署还没有调整、加强的迹象。而调整本身也需要较长时间。这决定了在今后可以预见的一段时期，中美之间还不至发生直接的硬对。更重要的是，不宜过分狭隘地理解和判读美国新战略。作为一个全球霸权的国家，美国新战略有针对中国的故意，但绝不仅限于此。它是包含军事与政治外交在内的全球大战略，中国应只是它瞄准的一个重要目标而已。

不过，如果把美国的新军事战略仅仅看作是纸上谈兵、空穴来风，则又可能会犯弄假成真的错误。因为美国的每一次新战略的出台，都不会是纯粹的假动作，都有与之匹配的并使之得以实现的一整套操作方案。这一次，与美国新军事战略配套接轨的就是针对中国的"空海一体战"[①]（现已更名为"全球公域介入与机动联合概念"）——美空、海军联手设计的作战思想和作战体系。尽管该设计还处于理论层面且在美军中亦有很大争议，一旦实施势必也会受制于美军各军兵种之间的传统隔膜而不可能配合得尽如人意，但是，作为与美国新军事战略配套的具体方案，它仍然值得我们考察和研究。

从美军的设计原理来看，"空海一体战"是一个依托其亚太地区盟友、共同对付潜在敌人的联合作战计划。"联合"指的不仅是不同

① 空海一体战（Airsea Battle；AirSea Battle，又译"空海联合作战"）是2009年底，五角大楼的战略研究人员提出的、旨在整合美国海空军战力并联合亚太地区盟友来共同遏制或击败潜在的区域性对手的海空联合作战的全新理论。

兵种的联合，也包括政治外交上的联合。美军希望借助这种军事同盟，克服在该地区遇到的所谓“距离障碍”。美国高调“重返东南亚”，寻求加深与菲律宾、越南等国的军事合作，可以被视为这一设计在外交层面上的实施和预演。

从纯军事角度观察，“空海一体战”并非新鲜货色，不过是当年北约为抵抗苏联的坦克洪流在欧洲平原上狂泻而设计的“空地一体战”的翻版。思路上基本没有新东西，表明美国眼下无论是空军实力，还是海军实力，都不足以单独应对它所设想的“假想敌”。于是，美国海军作战部长和空军参谋部长才跳出军种藩篱，把当年的“空地一体战”理论拿出来，搞了个“新瓶装旧酒”。从它设想的作战样式上看，看不出美国人找到了什么好办法，在打击对手的同时，克服或掩盖其自身的软肋或弱点。而这些软肋或弱点，对这支世界上最强大的军队来说，有可能是致命所在。不容否认，美军现在是全世界作战能力最强的军队，其强大就强大在其整体信息化作战能力和对太空制高点的控制上。但这种强大也恰恰构成了其最大的软肋，那就是信息化依赖。就一切信息技术都建立在芯片上这一点而言，避免这种依赖的可能性几乎不存在。因为任何信息防护总是有漏洞的，无论是 GPS 系统还是卫星侦察系统，无不如此。美军的高度信息化使其无法克服信息化依赖的弱点，那么，任何对手要想破解其军事能力，这里就是突破口。

就此意义上说，美国强大的军事能力建立在非常脆弱的芯片上，就像美元霸权建立在今天已经非常脆弱的美元信用上一样。对于前者，如果你可以制约芯片，美国的军事霸权就会终结。而对于后者，如果你不信任美元，美元霸权也就将终结。

深度展望：这次是否真的衰落

显然，美国所有这一系列战略举措，其目的都是在维护美国的（包括美元的）霸权。要维护霸权，就必须阻止任何力量对其霸权的挑战，也才能延缓甚至避免美国的衰落。

但奥巴马政府或者它的继任者，是否通过转移自己的战略重心，打压一下可能的挑战者的势头，就能解决自己对霸权旁落的恐惧或让美国经济走出困境？确实让人怀疑。

数十年来，谈论美国衰落的话题几乎成了一种时髦的国际话语，但美国总是一次次从危机中脱壳而出，凤凰涅槃，让世人大跌眼镜。这使美国人有理由把关于美国衰落的话题讥诮为一种“神话”，也使美国人的自信心一次次被死里逃生的好运气涨满。

但是，这一次，美国还会有如此好运吗？

真正深入探究就会发现，美国的衰落，不是从这次史无前例的金融危机才开始的，相反，美国衰落的种子，恰恰是从此前一次次的死里逃生之后种下的。美国的衰落，不是一个会不会衰落，而是何时衰落、怎么衰落的问题。因为美国衰落是一个本质问题，金融危机只是一个信号，一个分水岭。美国衰落为什么不可避免？美国作为一个不同于历史上任何一个帝国的超大帝国，它是否可以避免所有帝国都大同小异的帝国抛物线？看一个帝国的兴衰，主要是看它的获利方式，也就是为维系一个帝国的生存，所采取的获取资源和能量的模式是否具有可持续性。恰恰在这一点上，美国所采用的输出美元从全球获利的模式是不可持续的。

印钞权的获得，使美国人产生了一种错觉，认为如果它能够轻松地用印刷纸币从全球获利，那就没有必要再辛辛苦苦去搞实业，搞制造业。结果，由此开始的虚拟经济模式使美国产生了另一个意想不到的后果，即产业空心化。今天，当美国已变成一个被贪婪和自信掏空的空心帝国后，奥巴马才为时已晚地提出要再工业化，意在恢复实体经济，但这基本上已成为不可能完成的任务。原因有二：一是20多年连续的制造业转移，美国制造业的产业链环境已不具备，丧失了制造业恢复的基础。同时，正如前文所说，由于美国经济增长，美国人的收益大大提高，美国现在人均GDP已逾5万美元。这时的美国人，谁还愿意干脏活、苦活、累活？二是回归实体经济与美元输出模式将发生冲突，这是它回不去的根本原因。一个向全球输出货币的国家必须保持贸易逆差，必须保持赤字甚至是双赤字，它才能获利。假如说美国现在痛定思痛，想要恢复实体经济，其前提就是必须放弃输出美元模式，这就意味着放弃美元霸权。如果放弃美元霸权，美国重新恢复实体经济不是没有可能，但这就需要美国放下身段回到正常普通国家上来，一个普通大国的地位，而不是一个超级大国，一个用金融权力维持霸权的帝国。而从奥巴马"美国决不当第二"的宣言看来，这是美国目前解决不了的问题。因为它只有输出自己的产品，才能使自己处在顺差状态，而这又与美元输出模式直接发生冲突，因为货币输出必将导致大量逆差，同时意味着美国经济无法扭转为顺差。所以，只要美国还想保持向全球输出美元的霸权，它就退不回去，它就只能在虚拟化的以金融为主体的轨道上继续往前走。其结果就是让更多的人、更多的国家意识到，这个模式现在终将走到尽头。也意识到输出美元从全球获利的模式是世界上最大的"庞氏骗局"，这种骗局最后一定有它的边际，当边际不能供养中心的时候，它就一定会向心塌陷。美国眼下就面临着向心塌陷的危险，这是美国模式不可持续的最重要的原因。

在这一本质性问题得到根本解决之前，奥巴马所许诺的"再工业化"和"5年内出口翻一番"的目标，都将是画饼充饥。现在，5年时间已经过去，奥巴马为自己也为美国定下的这一目标，距离实现仍遥远。

进一步考察，我们之所以断言美国无法回归实体经济，是因为它在连续多年向外转移制造业后，其国内已无中低端制造业基础。据有关数据显示，美国在金融危机爆发前，70% 的就业人口都已转向金融和金融服务业。这种情况下它就只能继续用金融商品换服务，或用服务商品换实物。而实物的来源地将主要是亚太地区，尤其是中国。仅以 2011 年为例，这一年美国创纪录地出现 5500 亿贸易逆差，其中对中国是 2960 亿，占比近 60%。

这说明，如果美国“产业空心化”这一致命现实不能从根本上得到扭转，美国的衰落就几乎不可逆转。这不是通过玩弄“压人民币升值”这种伪命题就能解决的。因为美元要获得“全球结算货币和储备货币”这一地位（只有获得这一地位才能带来美元霸权），美国只能通过用绿纸换实物的方式向全球输出美元。这也就必然造成美国的贸易逆差。这一“特里芬问题”既是美元的天然优势，也是其天然缺陷。其优势是美国可以通过输出“绿纸”而廉价获得全球的产品和资源。其缺陷就是如此一来，美国只能使自己长期处在贸易逆差状态。这意味着美国即使不从中国获得产品（也就不存在美中逆差，当然也就谈不上操纵人民币汇率问题），也必须从其他国家获得替代产品，结果是仍然解决不了其逆差国地位问题，当然也就无从解决其国内民众的就业问题。那种自己脸丑怪镜子式的把自身的经济缺陷归咎于别国的贸易顺差甚至储蓄率太高的说法，对解决“美国病”于事无补。就此意义上说，金融危机暴露出来的“美国病”是本体性的，起码是结构性的，而不是一般的决策失误或监管不力。

金融危机爆发后，美国一直在努力克服危机对其经济实力和国际影响力的严重削弱，尤其是努力摆脱全世界对美元信心下降的不利局面。美国的两任财长以及贸易代表、联储主席都站出来反复发出“美国经济正在缓慢复苏”的利好信号，从去年开始，美国更是不断传出一些经济强劲复苏的消息，特别是 2014 年第四季度，美国经济指数突然达到 4%，让全世界大吃一惊。很多人认为这是美国经济强劲复苏的信号。但仅仅几个月后，2015 年第一季度统计显示，美国经济已下跌到 2%。美国经济为什么如坐过山车一般，原因究竟是什么？这里的奥秘恐怕只有美国人知道。

经济学家喜欢说，现代经济是信心经济。当一个国家的经济数据不好的时候，全球的投资人就会对这个国家的经济前景缺乏或失去信心。那么，失去投资人信心的该国经济就会变得更加糟糕。美国人对这一道理的理解显然比任何国家都更深刻。因为今天的美国是个借债度日的国家，所以它比任何国家都更需要良好的经济数据，以吸引国际资本回流美国。这意味着美国人在经济数据上需要做出更多的努力，以吸引国际资本。这也使美国的每一份显示其经济“强劲复苏”的数据，看上去都让人感到意味深长。今天，在争夺国际资本的问题上，各个国家和地区正在展开激烈的拼杀，美国和欧洲，美国和中国，美国和其他地区，数据之争，已成为重要的手段和工具。但任何经济数据，都只有站在真实的实体经济基础上，才有意义。让美国人倍感无奈的是实体经济振兴道路艰难，金融改革进展缓慢，就业问题的解决、市场的实际情况都不尽如人意，几轮量化宽松政策使用过后经济仍未见起色，反而让世人对美元兑水大为不满，更加担心。美国巨额国债又牵动国际关注，国家信用面临质疑，这些问题都无法令人看好美国经济的复苏前景。也就无法提振世界对美国的信心，无法恢复人们对美元的信心。

这一切使“美国衰落”话题，再一次回到世人议论的中心。对于一个缠绵病榻的病人，用治疗脚癣的药水去医治心脑血管疾病是不可能有效的。同样，用转移战略重心来解决美国所面临的根本性问题，也是于事无补的。

也许，30 年多年前保罗·肯尼迪关于美国衰落的预言，这一次真的会变成现实，因为站在帝国抛物线上的美国，已经越过了弧线的顶点。

谁将崛起

当美国自己击倒自己时，中国该怎么做

从修昔底德开始，谈论帝国衰落的话题就从未间断，因为人们眼睁睁地看见过一个又一个帝国在眼皮底下走马灯似的兴起又衰落，甚至谈论世界史上最大也是最后一个帝国——美利坚帝国的衰落，这一话题也已被人争吵了半个世纪，早已不再新鲜。

真正新鲜的是谁敢预言：美国将在何时，因何种原因，以何种方式衰落？这才是真正新鲜的话题。很可惜，迄今为止，没有人能做出这样的预言。更不要说预言美国之后的世界是什么样，谁将是美国之后的继任者了。

谁将崛起：当美国自己击倒自己时，中国该怎么做

从修昔底德开始，谈论帝国衰落的话题就从未间断，因为人们眼睁睁地看见过一个又一个帝国在眼皮底下走马灯似的兴起又衰落，甚至谈论世界史上最大也是最后一个帝国——美利坚帝国的衰落，这一话题也已被人争吵了半个世纪，早已不再新鲜。

真正新鲜的是谁敢预言：美国将在何时，因何种原因，以何种方式衰落？这才是真正新鲜的话题。很可惜，迄今为止，没有人能做出这样的预言。更不要说预言美国之后的世界是什么样，谁将是美国之后的继任者了。

保罗·肯尼迪为什么没有言中

保罗·肯尼迪 30 年前在他名噪一时的巨著《大国的兴衰》中，比此前所有人都更有力地触及这一话题——美国衰落时，人们一度以为他提出了一个“正确”的命题，但不到 5 年时间，美国人就用强有力的事实，证明了保罗·肯尼迪的“误判”。

因为美国并没有按保罗·肯尼迪的预言衰落。尽管在他的预言做出之后不久，的确有一个帝国衰落了，但那是苏联，不是美国。苏联的解体总算部分地为保罗·肯尼迪找回了一点面子，但此后美

国却无情地用其一超独大 20 年的事实，让保罗·肯尼迪的理论持续尴尬——看来，正确地提出问题，并不等于正确地回答问题，更不等于解决问题。

那么，保罗·肯尼迪的问题出在哪里？是什么让一个人正确地提出了问题，却没能正确地解答问题？原因很简单，保罗·肯尼迪仅仅站在历史的维度理解帝国的兴衰，而历史虽然常常在现实中惊人地重复着相似的故事，并从统计学的层面呈现某种规律性，但凡事总有例外。美国似乎就是个例外。仅仅从“权力的转移或更替”的一般规律看，美国明显偏移了这一规律。这一偏移仿佛真的在佐证“美国例外论”，但即使最坚定的“美国例外论”鼓吹者也说不清楚，美国为什么“例外”？其实原因也很简单，因为握在美国手中的那根权杖，与传统帝国——从古罗马到大英帝国——并不一样。这根权杖并不是在不断地通过领土扩张、资源控制为帝国带来巨大的财富和荣耀的同时，又一点点加大帝国的成本，累积帝国的负担，损耗帝国的精血，直至新兴帝国崛起，完成权力转移，画完一条帝国由盛而衰的抛物线。

我在前面已反复讲到，美国的权杖是美元，是货币——金融霸权。这是历史上所有帝国都不曾拥有的权杖。这一权力可以使掌握它的帝国以极其低廉的成本获得丰厚的利润，而不必重蹈所有老帝国的覆辙。这正是保罗·肯尼迪未能洞悉的美利坚帝国的秘密。不懂得美元，便不算懂得美国。

既然如此，既然美国与其他所有帝国都不同，为什么却仍不能摆脱帝国衰落的宿命（正是在这一点上，我认为保罗·肯尼迪尽管运算方式不对，却得出了正确的答案）？原因则是因为美国犯了所有帝国都会犯的错误，而这个错误是致命的，那就是：不懂得节制。

所有的帝国，都会在对财富和利益不加节制的攫取中踏上帝国衰落不归路。在这一点上，美国也没能例外。美国用“产业空心化”

的代价换取了“美元全球化”这一看似成本最低的帝国权力，在过去 40 年里，与整个世界展开了一场“庞氏骗局”式的对赌游戏，当全球每年不到百万亿的实体经济无力承受上千万亿的资本流量，当这种虚拟经济的游戏终于抵达它的最后边际——也就是所谓的边际效益递减到最远端时，所有“庞氏骗局”都不可避免的终点——向心崩溃，就会雪崩一样滚滚而来。

这就是一切金融游戏也是金融帝国与其他帝国相似又不同的结局。

我知道，有很多人对于美国衰落的结论并不认同，这些人认为我对美国的认识太悲观，甚至建议我应该到美国去看看，看看“经济正在强劲复苏”的美国，哪有衰落迹象。但我想告诉这些人，我所说的美国的衰落，不是我们此刻正在看到的美国。不容置疑，今天的美国仍然是世界第一，第一核常军事大国，第一经济总量大国，第一科技创新大国，这些头衔美国人都还顶在头上。

即便从美国经济近期的表现看，我认为一定时期内看好美国或许应没有问题（尽管我对此表示怀疑）。但从大趋势看呢，谁能否认美国正走在下行线上？而我说的美国正处在下行线上，绝不是重复那些已经被人喊了 40 多年的美国衰落论。除了在“美国衰落”这一结论上，我与保罗·肯尼迪看法相同外，其他毫无共同之处。我并不认同新兴国家的兴起将必然导致对霸权的挑战，从而也就必然导致美国衰落这样的结论。因此，我也就不认为美国为防止霸权旁落，以为只要遏制或打压住挑战对手，就可以延缓帝国的衰落。从此意义上说，我认为美国把中国作为主要挑战者，是选错了方向，也选错了对手。因为在不会太久的将来，真正导致美国衰落的因素，不是来自中国，而是来自美国自身。这正是我与保罗·肯尼迪的分歧点：我不认为外部因素的挑战，是帝国衰落的主因，或者说得更明确一些，是美国将走向衰落的主因。

虚拟经济吃尽了货币霸权的红利

是美国过度依赖美元从全球获利的方式，正在把资本主义社会的高级阶段——金融资本主义的能量耗干、红利吃尽，因而也使金融帝国的活力一点点消失殆尽，这是美国自己对自己的挑战。

什么是“资本主义的能量耗干、红利吃尽”？很多人并不能完全理解这句话的含义。不能理解每一种社会都是一个生命体，资本主义社会也不例外，它的生命长度取决于获取和消耗能量的方式。过度或过快地耗费能量，都意味着透支生命。但这只是美国衰落最表浅的原因。更深层的原因，是美国被追求利润最大化的资本主义天性所驱使，不断地通过科技创新和金融创新去一次次追逐这一目标，不知不觉间，已抵达资本主义社会这一制度模式所能获取和释放能量的极限，从而不可逆转地走向新社会形态演化的临界点，同时也就是美国在其帝国抛物线过顶后开始向下滑落的转折点。

但美国看上去对这一趋势从根本上缺乏理解。这也难怪，看看历史上，又有多少人真正把人类历史的走势看清楚过？由此延展开去观察，如果人类能真正看清楚历史运行规律的话，那将会避免多少次造反、战争乃至革命。因为当一个社会没有真正出现导致社会更迭的要素条件时，也就是没能到达社会变革的真正临界点时，任何外力都不能使其发生真正的根本性变化，大国兴衰也要遵循这一定理。仅仅依靠人为的社会运动，革命、造反、战争，都将无法从根本上改变一个社会的基本属性。这个最重要的引发社会更迭的要素，就是生产方式和交换方式的改变。在这一点上，杰里米·里夫金说得一点不错。[①]

---

① 杰里米·里夫金在其著作《零边际成本社会》一书中深刻指出，引发社会形态变化的两大要素是：生产方式的变化及其导致的交易方式的变化。

长期以来，人们在对社会革命的重要性认识上一直存在某种误区，就是对其可能影响历史的作用，评价过高。社会革命与人类的经济活动相比，哪个对社会的改变作用更大？比如，被历史学家们所钟爱的法国大革命，它真的对欧洲和人类历史那么重要吗？在我看来，法国大革命对欧洲近代史影响巨大，但是其意义并不像想象的那么重要。的确，法国大革命可以造就一个新法国，并造就一支拿破仑带领的被大革命洗礼过的新军，满怀着昂扬的斗志和激情，去发动一场横扫欧洲“神圣同盟”的战争。

这是法国历史上，军队战斗激情达到顶峰的时期。在历史上，法国自恺撒远征高卢之后，就再没有出现过如此激情。拿破仑借助大革命之力激发出了法国军队的激情，并靠它打遍整个欧洲，把一顶顶皇冠扫落在地。但是让我们看看这位英雄改变了什么？他可以一时把欧洲的帝国全部摧毁，然而等到他自己走向滑铁卢的时候，那些帝国又都纷纷复辟，这意味着这位天才的军事家和法国大革命，依然改变不了欧洲的封建社会形态。

什么力量能从根本上改变社会形态？不是造反、叛乱和战争，当然也不可能是今天美国所支持的从东欧到中东一些国家的“颜色革命”，因为人类数千年的文明史业已证明，当改变社会形态的基本经济要素尚未具备时，任何一次“水能载舟，亦能覆舟”式的造反、叛乱和战争，包括大多数仅止于社会层面的“革命”，都近乎一次物理学意义上的无效做功。它们除了重复上演王朝的更迭的连续剧外，就是让社会财富一次次归零，从一小部分人手中转移到另一小部分人手中。每一次财富归零，都意味着历史回到原点，纯粹社会运动的巨大破坏性，将使一切从头开始，殊不知，人类社会的真正进步，必须在一代代人的财富积累中完成。逆此铁律而动，正是人类在几千年长史中低水平循环的原因。而西方近代文明之所以能跳出这一恶性循环，恰恰是让经济革命凌驾于社会革命之上，200 多年里不再让财富归零，从而让社会得以有足够动力向前发展。其中的道理说穿了也很简单，就是用科技创新与经济发展，促进两样东西的出现：一是生产方式的改变；一是交易方式的改变。生产方式改变将造成产能的飞跃，产能的飞跃会带来巨量的产品，巨量的产品会使旧的交易模式陈旧过时，这时候就必然会诞生新的交易方式去对应和消化巨量的产能。生产方式、交易方式的改变，最后必将导致社会形态改变。这才是欧洲封建社会被资本主义替代的根本原因。

把欧洲带进新社会形态的是大英帝国。英国的工业革命和自由贸易，带来了产业模式的改变和交换方式的改变，一个新的社会由此诞生，这就是资本主义。

如果我们终于明白这一切，我们就应该知道人类在自以为是中已经顽固了多久。美国人至今还没能明白这个道理。它还在像那些老帝国一样，以为把可能挑战自己霸权的对手打压下去，自己的霸权就可以千秋永固。它从未意识到，正是美国自己把资本主义社会推到了它的最高阶段，也就是金融资本主义。而它主动放弃实物生产，用高杠杆的虚拟资本主义，已把资本主义自身的潜能和红利吃得所剩无几。

美欧反目，资本争夺与金融资本主义的毁灭

整整100年前，第一次世界大战在欧洲爆发。这场新老帝国为生存空间展开的厮杀，本质上是一场争夺资源的战争，因为处于工业化时代（实体经济）的帝国，资源占有的多寡，是帝国兴起或延续的命脉。100年后，随着美欧发达国家陆续进入虚拟经济时代，游戏方式也随之改变。资源的占有决定国家命运的接力棒，已经传到新兴国家的手里。美欧国家则在过去40年间，大面积并且加速度

地玩起了资本争夺的游戏。

如果说，20 世纪结束时，“亚马孙雨林中一只蝴蝶扇动翅膀，将会在大洋彼岸掀起一场风暴”，还只是一句妙语，今天，当互联网为金融资本插上光速的翅膀时，资本这只蝴蝶翅膀每一次扇动，都可能掀起撼动全球的风暴。而美国，这只几乎只能依赖资本呼吸存活的帝王蝶，在新世纪降临之后，已经愈来愈需要频繁扇动资本的翅膀，来维持自己的生命。

于是，它与世界的资本争夺，就变得愈加剧烈。尽管表面上看去，世界仍在上演 20 世纪的老戏码：战争，一场接一场的战争；危机，一轮又一轮的危机。但洞察者会发现，从“9·11”之后，每一场战争——阿富汗战争、伊拉克战争、利比亚战争，尽管代号不同，但目标都是一个；而每一场危机——次贷危机、欧债危机、乌克兰危机，尽管称谓各异，但动机并无二致，都在争夺同一样东西。

如果看不穿这一点，我们就无法理解，为什么有人要力推中东、北非“颜色革命”，让这些国家破碎化？我们也无法理解，为什么欧盟会搬起石头砸自己脚，让普京趁乌克兰危机夺回克里米亚，同时导致上万亿美元资本撤出欧洲？我们还无法理解，为什么以沙特为首的欧佩克要拼命提高产量，降低油价，结果是俄罗斯不得不出手打击 IS ？我们更无法理解，巴黎恐怖袭击与美元加息有何关联，而当奥朗德打算与普京并肩作战时，为何土耳其匪夷所思地击落俄罗斯战机？

这一切的背后，总是有一只看不见的手在晃动，而它的指尖，始终指着同一个方向——资本！

从 20 世纪 70 年代，美国率先把资源的争夺上升为资本的争夺，并逐步形成“谁控制资本，谁就控制世界”的定式，把全球带入金融资本主义之后，“资本为王”的时代迄今已绵延了近半个世纪。在这一过程的大部分时间里，美国用金融经济把实体经济变成自己的奴婢，也使整个世界匍匐在了美元的脚下，独自一家在金融世界里呼风唤雨。即使在与苏联的冷战中，它也仍无人挑战地唱着货币霸权的独角戏，这使它得以尽情地把全球资本为自己所用，尽情地享用纸币换实物的快乐时光，直到1999年，欧元来到这个世界上。这意味着更多人为制造出来的资本，加入到了切分地球有限资源和财富的游戏中。其代价则是：更多的国家边缘化、破碎化，更多的资源、能源被无限的信用创造所透支，更大面积的自然环境被破坏，更多的难民被制造出来，蝗虫般地涌入使他们陷入灾难的发达国家，让始作俑者自尝苦果。

可悲的是，面对如此残酷的现实，那些灾难制造者们仍执迷不悟，一心沉溺于资本的争夺。争夺加剧之时，危机自然加剧。危机一波与下一波的间距开始缩小，频率开始加快，对手间对撞的概率也随之加大……更悲催的是，所有参与游戏者，并不认为自己所做的，不过是一个放大了的庞氏骗局，而所有的庞氏骗局，不论大小，最后的结局都是：当外延无法再扩展，不再有外围的利益向中心输送时，就会不可避免地向心崩塌。

华尔街不相信这一点，美联储也不相信这一点，美国的统治集团同样不相信，就同“泰坦尼克号”上的所有人，在那个庞然大物撞上冰山前的一霎，都不会相信这一点一样。但最后，这一刻终究还是要到来，只不过，这一刻与100年前正好相反，100年前，当所有的帝国纷纷在第一次世界大战中倒下时，在它们身后站起来的，是一个生气勃勃的资本主义世纪。而这一次，随着最后一个帝国倒下去的，将是整个垂暮之年的资本主义。

因为，正是美国，这个把资本主义推向顶点的金融帝国，用资本游戏，耗尽了资本主义的气血。

互联网，最大的创新消解最后的帝国

没有人——包括美国人——意识到，正是美国人对财富的无尽追求，对资源的无度消费，以及对创新的无限热情，使得历史和时代都已然发生了深刻变化，而这些变化中最令人始料不及匪夷所思的变化，就是美国将因此而衰落。原因可能非常复杂又非常简单：因为美国人发明了互联网，并把它带给了全世界。

互联网的普及，从根本上改变了这个世界，包括美国。我曾经跟美国一些学者探讨过，我说，你们认为中国是美国最强有力的挑战者，你们错了，中国要走的是中国自己的路，而不是挑战美国。真正对美国的未来，特别是对美国的全球地位构成挑战的，是你们美国自己。

是美国的“创新”，使自己走上了衰落之路。美国人一向骄傲地宣称：“美国是世界第一创新大国。”的确，美国的科技创新，引领世界，引领人类经济生活。但谁会想到，正是这些创新中最了不起的创新，将使美国不可避免地走向衰落？因为在美国所有引以为傲的创新中，最重要的创新就是互联网。迄今为止，互联网诞生以来一直在扮演工业生产、经济生活、军事变革的效率倍增器角色。但是，当互联网遍及全球的时候，一切将发生不可逆转的变化。那就是，互联网将显现它最重要的本质特征：去中心化。

“去中心化”为什么会导致美国衰落？因为“去中心化”将解构权力。互联网极度普及时，“去中心化”“多中心化”趋势，将不以任何人意志为转移地呈现出来。这一趋势本身，必将催生当今世界除美国以外各国所追求的多极化格局，因而也将最终解构美国一超独大的霸权。今天的美国显然还没有深刻地认识到这一点，虽然它已经有了对自己迟早要衰落的恐惧。在这种恐惧的影响下，美国不是从理性角度出发，考虑如何应对互联网带来的“去中心化”

大趋势，做出有效的自我调整，而是打算错误地重蹈历史上所有帝国衰落的覆辙：以为只要打压住所谓的挑战者，就可以保住霸权，并使 21 世纪继续成为“美国世纪”。在这种严重的大战略误判下，最终，美国不少重量级政客和媒体，把目标选择或者说锁定了中国。这是对即将到来的大时代可怕的迟钝。而其后果，则是让美国在错误的方向投放和耗费自己日渐有限的战略资源，不断加大自身维护霸权的成本，直至枯竭。

对于中国而言，这当然不是什么好事情，但也不完全是坏事情。中国人喜欢说“人无压力轻飘飘”，当美国人的打压构成压力的时候，反而有可能使中国产生强烈的反弹，其结果必将像物理学原理告诉我们的那样：作用力与反作用力相等。

看看阿里巴巴正在带来怎样一种崭新的模式，美国人尽可以说，这种模式不是阿里巴巴的独创，这些东西美国也有，甚至更早，但我要说的是，中国规模更大。这就是未来，并且是不会太久的未来，当阿里巴巴在一个“双十一”的独家营销额，远超全美国在感恩节期间所有网店加实体店的销售额时，未来的天平会倾向谁，答案已经呼之欲出。也许，阿里巴巴并不一定会成为最后的撞线者，但眼下它的领跑，则不容置疑地带来一种新的生存方式，并有希望把人类引入一种新的社会中。在它面前，美国人所习惯的在资本主义社会靠资本、靠美元去获利的这一套非常成熟的盈利模式即将过时。这意味着刚刚进入“SDR”（特别提款权）篮子的人民币，用沿袭美元的方式使自己获利的时间已经不会太长了，换句话说，如果美国人在这条道上已快走到尽头，那么，其他国家包括中国，也就不可能沿着这条路再走多远，这就要看中国和美国，谁能跳出几千年货币等价物的窠臼，最先悟出未来人类交易方式的秘密，创造出全新的价值尺度和信用体系。这的确是一个伟大时刻，面对互联网、物联网普及的电子商务时代，中国和美国已站在同一条起跑线上，而在这场对中国和美国都生死攸关的追逐赛中，谁是最初的领跑者并不重要，重要的是，谁是最后的撞线者。所以我说，美国真正的敌人不是中国，而是新的产业模式和交换模式即将诞生。而这两者，将改变美国人已经习惯甚至像毒瘾一样无法戒掉的资本游戏模式。这对美国来说，将是异常痛苦的事情，而对于从未在世界范围内尝过货币霸权滋味，也尚未完成从实体经济向金融经济全面升级的中国来说，则完全不是负担。

因为，如果更进一步地去猜想和推测，当互联网经济完全普及，电子支付、刷卡消费、网上交易成为人类基本的商业模式时，美元将无可避免地退出交换和支付领域，仅仅成为一种计价尺度、计量单位，甚至一种符号、一个概念，这意味着美国人必须放弃美元霸权，无论是主动放弃还是被动放弃。届时，这一霸权都将不复存在。而失去了美元霸权的美国，还能继续成为一个令整个世界俯首的帝国吗？

正是从这个角度，在这一重意义上，我说：美国将要衰落。

祈愿：命运之神眷顾中国

如同机会总是垂青有准备的头脑一样，幸运之神也只会光顾那些做好准备的国家。当大国兴衰的历史轮回，由东向西绕地球转了整整一圈之后，现在，似乎又到了太阳从东方升起的时刻。但美国的衰落并不一定就意味着中国的兴起。因为真正意义上的大国崛起必然是一种新文明的诞生。历史上没有一个全球性大国的崛起，最后不表达为一种崭新的文明模式。对于中国来说，你可以不喜欢跟你打过两场鸦片战争的大英帝国，你也可以不喜欢至今还在压制中国崛起的美国，但你必须承认，它们的确是为这个世界提供了两个文明范本的国家。大英帝国提供了一种在工业革命基础上的贸易文明，美国人则沿着大英帝国的路往前走，最终越过自己的前辈，为世界提供了融合全球经济的金融文明。你尽可以认为这些文明不够公正，都有掠夺别国财富的动机和倾向。但是不管怎么说，它为世界提供了在其文明框架内运行的有效体系：一是交易的信用体系；一是交流的价值体系。不容讳言，今天，这两个体系都出了问题，美国金融危机和欧债危机，以及美国人主导的阿富汗战争、伊拉克战争，欧洲主导的利比亚战争，都可以证明这一点。这就促使行进到岔路口的中国要停下来想一想，中国的路，下一步怎么走？或者说中国要作为大国崛起，你准备给世界提供什么？从某种意义上说，你能解决好中国自己的问题，你也就可能为世界的未来解开了难题。

从古至今，每一种文明形态的本质是什么？或者说，每一种文明最核心的东西是什么？是信用，是在帝国的疆界内或影响所及的范围内，建立起一种由它主导的信用体系。

撇开古希腊，也撇开基督教的历史影响不谈，仅从近代史谈起，可以说，是大英帝国创造了贸易文明。更准确点说，是英国人创造了建立在工业文明基础上的全球贸易体系。它为这个体系确立了一整套的游戏规则。也就是亚当·斯密所奠基的早期资本主义市场经济理念和价值观。大英帝国由盛而衰后，继承其位的美国，实际上萧规曹随，依然在沿用大英帝国缔造的这一整套游戏规则和价值尺度。但美国人后来在英国人的基础上，又向前大大迈出了一步——它逐渐远离贸易文明，开创并把世界带入了金融文明。两者的区别是，贸易文明需要在实物和实物之间用货币作中介进行交换，但金融文明则创造了一种新的交易方式，即用纯粹的纸币作为一种特殊商品去交换实物。这种金融文明是用国家实力，特别是强大军力创造的强迫信用，是一种美国独有的霸权形态：由美元主导全球经济生活的信用价值体系。

文明是什么？文明对个人而言，是生活方式；对国家而言，就是生存方式。美国通过美元与石油的捆绑，成功地使一个国家的印钞权——信用创造——成了自己国家最基本的生存方式，并使其从中获利40余年。美国的GDP在1990年前后达到了7万亿美元，而在此后不到20年，就整整翻了一番。这其中信息产业的突飞猛进功不可没，但它为美国GDP的贡献远不如美元的创造。而美元对人类社会生活及历史的影响，更是远远超出它对美国GDP的贡献。它通过近乎无限的信用创造不可逆转地改变了人类的投资、生产和交换规模乃至自然风貌，同时，也不可逆转地改变了人们的财富观、价值观乃至世界观。这种改变是如此深刻甚至恐怖，以至于一想到要改变它，就会让人联想到世界末日。

但改变是必须的，否则，如果我们任由以无限的信用创造为平台的资本游戏，没有止境也没有边际地继续下去，人类就真的将在不远的某一天，面临末日。

而改变又是困难的，因为我们已经适应了这种被美元所笼罩的生活和生存方式，我们所做的一切，工作、生产、创造，不管你在哪个国家，被哪种貌似主权货币的价值尺度表达，最后都可以换算为美元，被美元这一终极尺度衡量和评价。而这一衡量和评价是令人绝望的，因为美元如此无限透支全球信任度的信用创造，将使一切都处于不断贬值的永动机中，永无尽头。

这意味着资本的浪头将一浪高过一浪，直到把整个世界淹没。

显然，人类已经到了必须离开这种用资本杀人并自杀的循环游戏的时刻。这意味着我们必须找到并开始一种新的生存方式。这也就意味着我们需要创造一种新的文明。这要求我们必须先确立一种新的人际和国际关系，也就是一种新的信用体系，并在此基础上形成新的价值尺度和信用创造。

在这一点上，互联网所代表的日新月异的信息技术，正在给我们提供路径暗示和技术支持。当我们开始谈论一个“没有银行的世界”时，难道我们不就是在谈论一个没有货币，也就没有资本，没有资本，也就没有金融霸权，没有金融霸权，也就没有金融帝国的社会吗？

当然，仅仅想到这一步，我们还远无法描绘明天世界的轮廓，但这却是必要的想象。没有想象就没有未来。没有想象的明天就会和昨天没有两样。

想象将为新兴国家的崛起提供新的尺度和路标，使我们不再盲目，以为只要我们在美国现有的所有强项——GDP、科技、军力、软实力——上全面超越美国，中国就可以实现复兴梦。这是一种毫无想象力的自以为是。因为即使你达到这一步，也只是今日美国了无生气的复制品，而绝非一种新文明的诞生。

旧历史走到它的尽头时，是不可能靠制造赝品来开启新历史进程的，这决定了中国在路径选择上，必须同时摒弃自己已经走不通的老路和美国也已走不下去的旧路。也就是说，中国必须告别在过去30多年里，为自己带来辉煌腾飞的物质模式：廉价劳动力红利，政府官员权力寻租产生的“效率”，以及利用现代金融制度和巨量信用创造，释放出来的惊人的财富效应。现在，这三台曾经同步高速运转的发动机，或转速放慢或动力消失，这意味着改弦更张的时刻正在到来。恰逢其时的是，我们与一个千年一易的大时代迎面遭遇——互联网、大数据、云计算、电子商务以及3D打印技术，正在同时改变我们的生产方式和交易方式，这意味着一个人类未曾遭遇过的新的社会形态正在渐渐显形。这是全世界也是中国的机会。现在，几乎所有的大国面对即将到来的新社会时代，都站在了同一条起跑线上，但却只会有一个国家，率先甩掉历史包袱，洗心革面，找到新的经济发展模式和新的治理方式，成为领袖国家。

但可以肯定的是，这个国家一定不是美国。因为它的旗帜上必须打着新文明的印记：互利互惠，共享共赢。而已经太久地习惯于零和博弈与赢家通吃的美国，光是改变这种思维惯性，都几乎完全不可能。想想今天的英国，难道不是用了整整一个世纪，才逐渐适应霸权风光不再的现实吗？同样脱胎于盎格鲁-撒克逊思维母体的美国，在这方面不会比英国人改变得更快。看看约瑟夫·奈[1]这些美国的顶级智囊，还在苦心孤诣地用“软实力”和“巧实力”，为其大厦将倾的国家艰难支撑，以为只要在战略和策略层面上纵横捭阖，就可能使一片衰败的森林枯木逢春。这是令人吃惊的战略误判和误导。因为奈和他的同事们似乎把注意力全部集中在了如何运用实力去维护权力这一目标上，而完全未能了解权力与实力的来源和演变。换句话说，奈等人太注重了实力运用的战略和策略，却忽略了权力本身的构成及原理。没有一种权力，可以与构成其本身的原理及趋势相对抗。

显然，奈并未洞察权力产生的奥秘——信息垄断。从有人群以来，权力的诞生就与信息垄断密不可分。没有信息的垄断就不会产生权力。这个奥秘，秦始皇懂，恺撒也懂，拿破仑与罗斯福都懂，甚至连孔子都懂（所以他才会说“民可使由之，但不可使知之”），但独独奈和他的同事以及美国今天的决策层不懂。他们不懂得让美国人引以为傲的互联网，何以会成为信息垄断的终结者，同时也就成为一切权力——包括霸权——的终结者。这是美国人在发明并向全球推介信息高速公路——互联网时，完全未曾料到的事情。

信息的垄断或打破，决定权力的保持或转移。这既是原理，也是趋势。所以，在社会大更迭期，权力转移与否，取决于趋势，而不是取决于权力运用（战略与策略）的高明或蠢笨，高明或蠢笨的战略与策略，只能延续或加速权力的转移，而不可能改变权力转移

---

① 约瑟夫·奈：著名政治学家，哈佛大学名誉教授，美国前助理国防部长。他是国际关系理论中新自由主义学派的代表人物，以最早提出“软实力”（Soft Power）概念而闻名。代表作有：《权力与相互依赖》《理解国际冲突：理论与历史》《美国权力的悖论》。

的趋势，尤其是在互联网普及的今天，趋势已成，无人可以改变。因此，在追求一超独霸还是国际格局多极化这一重大课题上，互联网将以其“去中心化”的天然属性，坚定地站在后者一边，推进权力的转移。

既如此，既然历史的底牌已经翻开，中国要做的，当然不是与美国的权力争夺，让自己在模仿对手的争斗中，不经意地踏上帝国的不归路。不，这不应该是中国的宿命。中国应该有比这更好的结局。中国应该让世人与自己一道分享这更好的结局。这就需要中国人先改变自己。在新的生产方式的推动下，形成新的交易模式，并由此确立自己的价值观，改变自己的生存和生活方式，在此基础上，形成中国人自己可以服膺，同时也能被世人认同的信用关系及信用体系，并由此创立能够涵盖全体中国人甚至整个人类新文明的元理论、元价值。这是对互联网带来的人类社会历史大趋势的真诚迎合和拥抱。当然，朝这一趋势迈进的将不止中国一家。但最终的胜出者，必须是在以上一系列竞跑中获高分甚至满分者，我唯一的祈愿是：命运之神眷顾中国。

2015 年 12 月 15 日凌晨 1：35

附录一

金融全球化与财富转移
——中国军人学者与美籍华人经济学家的对话

（一）

乔良：

“超限战”是一个大话题，不同的人由于所处的角度或者立场不同，可能很难就这个话题进行对话。所以，要就此展开对谈，我认为双方首先应该有一些共同的话语范围或对话目标。我想这个话语范围，就是金融和战略，而对话目标，则是美国和中国。陈教授是在美国接受的金融和经济学教育，受过西方现当代经济学理论的完整训练。我不同，我是搞军事战略研究的，对金融和经济学理论则完全是业余爱好。在研究军事战略过程中，我逐渐发现，如果仅仅进行单一的军事战略研究根本就不可能研究出结果。特别是今天，从政治到经济、从军事到文化，美国的影响遍及全球时，任何战略研究包括军事战略研究都不可能不触及美国。即使某个非洲小国想要研究军事战略，也必须研究美国，研究美国的军事战略。

研究美国军事战略，我得出这样一个结论：即使美国的军事战略看上去很纯粹、很军事，但是它的箭头却坚定地指向它的国家利益，而这还不是一般意义上所说的军队为国家利益服务。在我看来，美国与其他国家的不同之处在于：一是它的国家利益主要表现为金融利益；二是它的军事战略可以直接为实现其金融利益服务。

也许是从不同的角度看问题，一些问题从我的角度看可能会有一些放大。比如说，关于美元的问题，在我看来，美国实现国家利益的最有效的方式是金融霸权，而不是军队或战争。战争只是美国实现国家利益的一种辅助手段。而它主要实现国家利益的方式还是通过美元。这一发现使我不得不去研究美元经济与军事的关系。

陈志武：

美国或任何国家是为利益而战的，这是不言而喻的命题，就像我们说人呼吸空气是为活下去一样。中国在自己认为适当的时候也可为自己的利益而战，这是国家、个人应有的权利——保护自己利益的权利。

那么，何为利益？利益表现形式多种多样，可以是显性经济的、政治的、文化的、意识形态的、价值观的、宗教的，等等。在今天越来越金融化的世界，这些多种利益到最后都可用金融载体来度量，或说以终极通货度量衡——货币——来度量。虽然许多东西比如宗教利益、文化利益还不能完全以货币化方式度量，但一般性货币之所以叫“通货”，在于其作为价值度量衡的通用性，人类社会的货币化进程带来了大家说的现代化，是人类文明发展的基础。鉴于此，当我们说一个国家为自己利益而战时，当然等于说这个国家是为其金融利益而战，是为其货币化的利益而战，对于了解现代经济的人而言这不是什么新发现。

近几年国内很流行阴谋论，特别是喜欢把金融、货币等都加上“战争”，这样当然耸人听闻，但这是极其危险的，对中国的发展不仅无益，而且还像智力鸦片一样，使人智力麻木，让人不会去挖掘市场经济特别是金融市场的本质，阻碍中国金融现代化、市场经济现代化的进程。

为什么不能把金融和战争相提并论？因为战争是基于暴力，是基于强制力迫使另一方接受施暴方的安排，而金融市场所基于的是交易双方的自由选择：你如果觉得不合适，或者如果你有更好的选择，或者你能做得更好，你可以不接受或者要求改变交易条款，没有谁强制你必须接受，没有人拿着枪顶着你的脑袋，如果你不做这个金融交易就将你干掉。把任何基于自由自愿选择权的竞争关系说成“战争”，是混淆概念，没有建设性价值。

当然，你可以说：从军事战略讲，一国可以通过毁灭对方的金融体系达到毁灭对方的效果，即“非常规”战法。但这不等于“金融战争”，更不能说明因此就该从“战争”角度研究金融。因为虽然往人体注入毒品可以将人杀死，但我们不会因此而从“战争”角度研究医学、研究医疗技术。就像医学和战争不能混为一谈一样，金融就是金融，战争就是战争。

中国从乾隆末期，特别是鸦片战争以来，从来不缺阴谋论，不缺从道德评判角度来看待西方，而不是从建设性角度去追问、研究西方为什么兴起，去问为什么美国金融、美元得以主导世界的地位，为什么欧元、日元或者是人民币没有成为和美元相等的国际货币？阴谋论、道德评判的最大危害，是让我们似乎站在道德制高点，像阿Q一样沾沾自喜，麻醉自己的智力探究，使自己失去学几招的机会，让自己不能掌握竞争制胜的技能。中国就是这样陶醉在阴谋论中荒废了一个半世纪。科学精神从本质上是去迷信化、去阴谋论化，是探究现象背后的本质。美元的地位、美国的金融实力和技术实力是现象，是背后的经济、政治、文化、制度因素所致。

一国货币是否能成为国际货币，取决于市场竞争，看哪个国家有更长久稳定的制度保障，哪国的政治、经济、文化制度让国际社会更信任、更安全，看其是否具备保证其货币价值、购买力的方方面面制度与经济要素。当美元、欧元、人民币和其他货币，互相之间有同等机会去竞争的时候，从国家主权基金到各国外汇储备、到全球很多有钱的个人和企业，都自愿选择美元资产，而不一定是其他货币资产时，该做的不是指责美元霸权，而是去问为什么其他货币没有在竞争中胜出。战争所依赖的是强盗逻辑、暴力逻辑、炮舰逻辑；而金融市场基于的是靠真本事、靠自愿的自由选择逻辑。

你可以去呼吁改良世界金融体系中的游戏规则，但一个基本的事实是：人民币没有国际化不是别人的围堵，不是任何人的阴谋，更不是暴力压迫的结果，而是我们自己的政策所致。比如，资本账户不开放，被管制那么紧，人民币债券与股票市场对外国投资者不开放，本国人民币投资市场不发达，利率汇率没有市场化，等等，这些政策不是其他国家强加的，而是自己做出的。有了这些限制与欠发达，人民币在国际市场上的接受度和作为储备货币的程度当然不会高。

当然，现在采取了很多行动推动人民币国际化，迈出的步伐很好。

通过现在关于人民币国际化的讨论，我们很具体地看到，掌握国际货币的发行能力不是那么简单的。美国掌握了美元的印钞机，这是一个结果，背后是经过了200多年的美国和国际社会的努力，才有了美元的支配地位。

我非常认同周小川行长过去几年写的文章和发表的言论。对于国际社会，如果国际金融体系只能依赖主权货币的话，必然给其他国家带来金融资产价值的不安全，给发行具体主权货币的国家以滥用印钞机的机会，去变相掏空全球社会财富的机会。

但是，今天世界上没有真正的世界政府，没有世界警察，没有世界立法机构或执法机构，也没有拥有足够权力的世界央行。在各国都强调我的主权别人不能干预时，就不能有跨越国界的世界政府的存在。在这个前提下，实际上只能由主权货币继续成为跨越国界经济交换的货币，不管投资，还是商品交易，只会继续这样的格局。

金融危机以后，我们更多地意识到超越国家主权的国际货币的重要性，但在没有世界政府，在各国主权观念不变的情况下，那还只是一种愿望。

（二）

乔良：

我很有兴趣听完陈先生刚才这番开场白，也基本上认同陈先生所阐述的一些原理性的经济学观点。我不是一个纯粹的阴谋论者，也不喜欢把一切都归之于阴谋，因为这无助于我们认识问题。我甚至认为过分强调阴谋的作用是没有能力研究问题、解决问题的人的最后托词。但我与陈先生的不同之处，在于我并不否定阴谋的存在，我更认为“阴谋论”这个词本身就是某些搞阴谋者为堵别人的口而发明的一种策略，为的是让怀疑阴谋存在的人，自我消解心中的疑虑。对于你刚才所说的，“科学精神从本质上是去迷信化，去阴谋论化”，我也只能赞同前半句，而对后半句表示质疑，因为在我看来，科学精神恰恰主要表现为怀疑精神。这种怀疑包括对自由市场经济理论的迷信以及对阴谋的怀疑和警惕。此外，我也不是一个怨天尤人的人，我不喜欢用抱怨的方式表达自己的观点，因为我知道如果中国像美国一样强大，在很大程度上也可能会像美国一样行事。

但中国未来不一定非像美国这样行事不可，因为有美国的前车之鉴。所以我真正关心的，一个是您刚才说的问题，美国为什么有这样的行为方式？另一个是美国为什么能越来越有钱？美国一开始为什么会有钱，这个问题很多人已经把它解释得很清楚，包括陈教授。而美国人为什么后来越来越有钱，有钱到最后用钱给自己制造出麻烦，却没有多少人能解释清楚，这一点则是我更关心的问题。

这个问题让我们不得不重新回到“阴谋论”话题上来。我是军人，研究军事首先就要研究战争，战争讲究先谋而后动，兵以诈立。这就是说凡是战争就必定有阴谋。所有的战争计划，在它实施之前是不可能大白于天下的，甚至施行完之后的很长时间也会保密。美国和西方一些大国可以说深谙此道，他们不仅在军事上精于谋略，在经济特别是金融领域同样精于算计。稍微有点儿证券业常识的人都会懂得，一个金融操盘手如果不懂得算计别人，那就是白痴。这起码意味着在金融业的这一领域中，阴谋无处不在，否则，我们就无法解释美国的金融危机，为什么先从金融衍生品的失控开始，因为这里面充满大大小小的庞氏骗局，麦道夫案绝不是孤证。刚才陈先生讲到，战争和金融不是一回事儿。虽然有人把金融形容成战争，比如说金融战，甚至在《超限战》的24种战法里也提到了这个词。但这只是在某种程度上指国家间的金融博弈也会按照战争规律行事或者按战争的模式行事，并不是一种狭义的战争。我们所说的狭义的战争，实际上是指有组织的流血的暴力对抗。如果以此为标准，金融博弈就不是战争。但我们之所以在《超限战》中把金融博弈也称为一种新型战争，是指它可能成为一种国家间替代暴力战争的手段，从而演化成一种软暴力、软战争，而这种战争带来的杀伤效果，却丝毫不亚于一场暴力战争，如东南亚危机向我们展示的那样。

陈先生刚才谈到，金融和战争不一样，战争带有强迫性，而金融则没有这种强迫性，你可以使用这种货币，也可以不使用，没有人逼着你非用美元不可，从理论意义上说，我对此没有异议。但以我这些年对金融观察的结果来看，比如说美国，虽然没有直接强迫过谁非要使用美元，但它通过对全球金融体制和规则的设立，已对你有一种趋势性的要求，这种要求可以被看成是一种软暴力、软强迫。例如，美国金融危机爆发以后，保尔森跑到中国来，要求中国继续购买美国国债。这实际上就包含有一定程度的强迫。

而美元作为既是国际储备货币，又是美国的本币、美国的主权货币，它的发行不像中国政府发行人民币那样，它是通过借债的方式去发行的。当然如你所说，中国也可以不借钱给美国，起码理论上是这样。但是在我看来，从布雷顿森林体系建立以来，特别是布雷顿森林体系解体之后，这样一个漫长的过程中，美国已经有足够的能力——我们姑且不说它是阴谋论——让你非储备和使用美元不可。比如说 1973 年 8 月 15 日，美元和黄金脱钩之后，美国人经过短暂的懵懂，最后厘清了思路，随后便有了一个很重要的举动，就是让美国当时的财政部长西蒙飞到沙特，跟欧佩克达成了一个约定：全球的石油交易与美元挂钩。美元和黄金脱钩之后又跟大宗商品石油挂钩，实际上就在一定程度上强迫了全世界所有需要能源的国家，必须储备美元。这种做法在我看来就带有一定的强迫性。

至于说某个国家为其金融利益而战，这的确不是什么新发现，我也从未认为这是我的发现。真正的发现是美国如何运用军事手段为其金融利益而战。我在“美国人为何而战”中所揭示的是，美国人如何在美元与黄金脱钩之后，又让美元与石油交易挂钩，然后再通过在产油区打仗，逼高油价，打出各国对美元的需求，从而为美国政府名正言顺地印发美元铺平道路，这才是我和王建等人的发现，也是西方现当代经济理论没有过的发现。

陈志武：

我打断一下。我觉得关于强制力、强制性，应该有一些基本的共识。保尔森到中国来，要求中国买更多的美国国债等，这是属于很正常的。

一个房地产开发商可以跑到北京东城区、西城区跟银行谈判：如果你借我 10 亿元让我开发这个项目，那么我下次把所有赚到的钱都存你这个银行。这是一种交易，是正常的交易，不是强制。银行照样可以说我不给你这个贷款，中国也可以说我不买美国公债，不给你美国的财政赤字提供支持，中国、美国和其他国家都有权利声张自己的要求和利益，不应指责任何一方，你做你该做的、要你想要的，我同样根据我的利益和权利来做。

中国最后之所以还是决定买美国公债，可能是想来想去，买美国国债是一个最优的选择。这主要有几个原因：

第一，美国毕竟是中国最大的出口市场。如果中国不买美国国债的话，那么，美国可能会慢慢对中国商品采取一些制裁，或需求减少，这是生意场上的你来我往的讨价还价。

第二，当中国外汇储备到了3.2万多亿美元时，除了美国之外很难找到能够吞吐容纳这么大金额的其他投资市场。所以，不只是保尔森，其他美国前财长也说："你们爱买不买。"他并不是说美国不希望中国去买美国国债，而是他知道，如果你不买美国国债，没什么可买的。如果你去非洲投资，一个非洲国家，几十亿或上百亿美元就可把整个国家的GDP翻好几倍，那会带来方方面面的问题；拉美国家的投资市场容量也有限；欧盟又有欧盟的问题。比较来比较去，当中国外汇储备这么高以后，基本上就没别的路可走。

很多愤青讲，美国这个也逼我们，那个也逼我们。而在美国人看来，这是世界游戏规则，市场规则就是这样的：如果你有实力，你就去用，怎么用是你的权利，你可以很露骨地用你的实力，也可以像传统中国人那样比较含蓄地用，那是你的权利。正常的贸易不是靠暴力，最后谈来谈去是看彼此的实力。中国人比较喜欢含蓄，我想要一个东西，但是不想那么赤裸裸。而美国人主张更直截了当，不喜欢扭扭捏捏，这是文化上的差异，在美国人看来，公平的游戏规则就是：你有权利追求你的最大化利益，有权利提出任何要求，但是我也有这个权利，以我觉得合理的方式，甚至很粗暴、很直接、很赤裸的方式要求得到一些东西。大家都有权利去为自己的利益最大化，去谋取能够得到的东西。很多中国人不喜欢这种赤裸裸的谈判甚至要挟，在我们看来，这好像不符合道德。尤其这些年，我发现太多中国人总把美国看成圣诞老人，期待美国充满仁慈和无私，总觉得美国作为世界上民主、自由、人权的最主要倡导者，怎么在涉及利益时那么赤裸裸地给我们施压，要那么多东西？好像美国人也没像我们原来想象的占领了道德制高点。美国人怎么想？他们会认为：争取、保护自己的利益是理所当然的，是自己的权利；要我们没有自己的利益追求，像圣诞老人一样去全球送礼物，那不可能！美国人相信：你有责任维护你的利益，我有责任维护我的利益。

乔良：

在这一点上，我和你对美国的认识几乎完全一致。我和王湘穗正是基于对美国的这层认识，写出了《超限战》。从本原意义上说，《超限战》是我们为中国人设想的维护我们自己利益的方式。但是美国人对它的解读令人遗憾，我明白你刚才的意思，我们不要去恶意地解读美国的一些行为方式，因为它的行为方式是基于它对自己利益的考虑和从自己的实力角度出发，并不考虑别人的利益。但反过来，美国人对《超限战》这种同时考虑中国利益的见解却存在恶意解读， 虽然不是所有人都怀有这种恶意。事实上，美国军方还是很欣赏或者说很正面地看待这本书的。正像陈先生所说，不能正确地看待别人的利益诉求是某种恶意解读一样，美国某些人对《超限战》的恶意解读，同样无视我们在这本书里面所表述的中国人自己的利益诉求。不过，这个不是我们今天要展开的话题，我就不去谈了，这是一个题外话。

陈志武：

对这点我补充一下，我在美国生活了25年。在美国人看来，你说的这些“超限战”逻辑，预示着未来中国应对美国以及其他发达国家的方式。当然，在某种意义上，某些超限战术也可被看成是恐怖主义的。

跟乔教授比，我可能比较理想主义。毕竟我不是军人，在我看来一个文明世界、文明社会，不管做什么，包括战争，还是要有一些行为准则、行为底线，即使打仗，也要避免非人道手段，只采用符合文明社会准则的手段。战争也要赢得体面。“9·11”之后，美国认识到，非常规作战方式美国可能没办法应对，当然我不是这方面的专家。你刚才提到超限战，他们把这个理解为中国军队具有代表性的作战逻辑。

（三）

乔良：

不过比较有意味的恰恰是美国军方的主流对这本书的批评并不激烈，反而把它看作一种新的作战模式。

回到今天的话题。你刚才讲到，美国人提出的这些要求，比较直接甚至赤裸裸，这是它在维护它自身的利益和基于自身的实力，它就是这个做派。别人可能从文化上不习惯，我把这看作是陈先生在美国长期生活之后，你自己的一种观察和理解。

但从我的角度，也可以这样去理解，比如说，保尔森要求中国购买美国的国债，萨默斯甚至说你可以不买，那是你的事情，但你也必须面对不买的后果。这意味着什么，不言而喻。谁都知道，为了维护美国的利益，美国会使用某些它自己国内的法规条款，会在某些方面做出针对中国的不利之举，站在美国的立场上，陈先生可以说这些都是美国的权利。但是有一点，我不认为是美国的权利：作为债务人，你不能颠覆信贷的基本原则。在借了我的钱之后，开始连续几次实行量化宽松的货币政策，这在一定程度上使我的债权本身被兑了水，这就不是维护权利，而属于不负责任了。西方所说的民主精神，我认为从根本上就是契约精神，信用是民主的基础，在这种情况下，美国决策层的信用不可能不让人打折扣，这其实也是近20年来，越来越多的中国人对美式民主打折扣的重要原因。

陈志武：

你可以因此对美国的信用打折扣，但任何债权契约中都包含发债方违约的隐性权利。违约不是新鲜事，不管历史上还是近代，中国或其他国家政府，通过多印钞票、通货膨胀转移民间财富这样的做法太多了。比如说，中国在宋朝就推出交子，推出纸币，但基本上在宋朝以后就没再用过纸币，明朝又试过，还是失败了，一直到了民国时期才重新推出纸币。就是因为用纸币作为价值载体后，给发行方提供了很多滥用发行权的机会。作为更一般金融证券的债权也包含这样滥用信用的机会。

乔良：

我不认同你所说的“任何债权契约中都包含发债方违约的隐性权利”。违约不是权利，而只能看作是债务人可能给债权人造成的风险。此外，陈先生所说的古今中外各国政府包括中国政府都有通过多印钞票、通货膨胀转移民间财富的做法，这是事实，但却经不起道德和合法性的拷问，美国政府这样做，同样经不起，不能成为为自己多印钞票辩护的理由。

陈志武：

当然，我个人肯定反对通过量化宽松政策，变相让美元贬值使美国国债的实际负担下调，变相转移其他国家以及广大投资者的财富。从另一个角度讲，中国也在这样做，2009 年贷款 9 万多亿，2010 年 8 万亿，2011 年可能 7 万多亿。尽管官方现在是百分之五点几的通胀率，但是我们每个人感受到的物价上涨幅度不止百分之五点几，这也是在通过通胀转移老百姓的财富。

所以，买美国国债的人在做决策时，就应该也必须考虑到这个风险，把通胀风险溢价反映到你所要求的债权投资回报里。这样，当美国政府通过美元贬值降低其债务水平时，就不应该表现得很吃惊。债权是金融契约，任何契约交易都隐含违约风险，这是投资者应该知道的常识。

乔良：

但我认为问题的关键是不能把所有的责任都让债权人来负。因为首先你谈到可以不购买美国国债，而用中国的外储去购买其他资产的问题，但这可能吗？我们看到的是，且不说这些年美国政府通过“巴统”协议，完全限制了中国购买西方军事技术和装备的问题。即使民用的高新技术，美国政府同样限制，甚至连最近“奋进号”升空，都不允许中国记者进场观看，封锁到了无所不包的程度，你还有什么东西可买？

这就好比名义上告诉一只羊，你可以不进羊圈，但同时又在周围把篱笆全部扎好，使你除了进圈别无选择。从前几年中海油购买尤尼科被美国国会否决，到华为公司这次购买美国企业再次被美国国会打住。中国政府最后的发现是碰美国任何有价值的资产都是不行的，最后只能转到其他的方向去投资，应该说总可以了吧？但是，同样不行。当中国跟苏丹合作的时候，马上就有人会拿“达尔富尔事件”说事，说中国的投资与苏丹政府的残暴行径结合在一起，只顾赚钱，不顾人权。而当中国的企业转向去购买力拓公司的时候，美国政府又通过陆克文插进一只脚，直到把这件事搅黄为止。所有这些动作就是逼着你非买美国国债不可。可一旦你买了美国的国债，它又马上对货币实行量化宽松。这种情况下只让中国政府自己考虑风险问题合适吗？

陈志武：

表面上看起来好像是这样，但是背后的深层原因是什么？有人说西方社会就是怕中国人富有、怕亚洲人富有。如果是这样，为什么香港、台湾、新加坡不受到这种怀疑或限制？他们不也是中国人吗？这说明什么？我希望以中国自己怎么做的作为参照，将心比心。

乔良：

这点我也不能同意你的观点。香港、台湾人是中国人不假，新加坡人是华人也不假，但西方的怀疑和限制并不是种族意义上的，而是针对中国的快速发展和巨量的产能。如果香港、台湾、新加坡也有这么巨大的能量，我相信他们同样会受到这样的怀疑和限制。

陈志武：

首先要强调一下，在美国的不同场合，我也是呼吁美国应放开对中国的技术出口，尤其是应该欢迎更多中国资本到美国收购企业、投资等等。因为我相信自由市场，也包括跨越国界的自由市场。

从另一方面看，我又不得不考虑到现实，这个现实能帮助我们解读美国对中国企业在美国、澳大利亚收购的反应。这个现实是中国、美国、澳大利亚等国家都互相怀疑，都喜欢以国家安全为由限制资本的跨国流动。在中国，2005年到2006年凯雷收购徐工没有成功，也可做很多解释，可以说是因为大家看到了美国是怎么对我们的，这是一个报复；也可以说那次凯雷的失败，使之后中美间的收购更加困难，改变了两国国内的立场。实际上，即使在徐工收购案之前，中国在许多行业都排斥外资，对外资限制比美国多。包括后来的汇源果汁，也许徐工涉及大型工程机械，属于基础性产业，中国不愿让凯雷控制它，但是，汇源果汁应该是很市场的消费品，没有理由限制。

孔子说“己所不欲，勿施于人”，既然我们在许多行业都限制外资收购，我们就应该理解其他国家的这种行为，将心比心就行。贸易保护主义尤其在选举政治为主体的国家里很明显，为了拉选票，就拿就业甚至国家安全这些口号来阻止跨国资本流动，阻止国际贸易。谁去具体定义过什么是国家经济安全？什么是国家经济不安全？我原来写过一篇文章讲到，开始你可以说核心军工行业涉及国家安全，要保护起来；进一步，你会发现徐工这样的工程机械也涉及国家安全，因为军工要用徐工的机械制造东西，所以要保护起来；再往前推一步，汇源果汁、服装业是不是也要保护起来？肯定要，因为中国人不穿衣服是不行的，服装行业如果被外资控制了，怎么办？万一他们什么时候不生产衣服了，或者是衣服不卖给中国人了，我们不是没衣服穿了？那不行！服装业当然涉及中国人的生活安全。食品、饮食更加是了，所以，餐饮业肯定也要保护起来。到最后，没有哪个行业是可以由外国人介入的！

不管是美国，还是中国或其他国家，以这个安全那个安全为由，又不去定义这些安全到底是什么，如果不划清界限的话，最后就变成方方面面的贸易保护主义。我觉得这是各国都应该反思、讨论的话题，而不只是美国的问题。

乔良：

你说的这一点，从广义上讲，我不反对。但我反对在这个问题上持双重标准。如果只有一种标准，我也可以跟着西方一道指责中国企业，为了挣钱到那些有人道主义灾难的地方去撒钱。问题是，如果你看到双重标准的时候，这个时候肯定所有人，无论是一个国家还是一个个体，他的第一反应就是与持有双重标准的一方发生对抗。其实，稍微对过去30年中国的经济发展做一个历史回顾，就不难得出一个结论，你所说的包括凯雷收购徐工失败的案例，这类贸易保护主义的做法，并非中国人的发明，而是美国人这类做法在前，中国人向美国和西方学习在后。要知道，作为后发国家，中国在每一方面都落后于西方，包括贸易保护主义。

我不能理解，为什么西方总是在它昨天做过的事情上，指责今天的中国？过去几十年里，西方一直都是这样的，先让自己占据一个道义制高点，然后再谈某个原来在它眼里并非道义问题的问题。因为我们知道，在20世纪60年代至70年代，美国在跟苏联冷战的时候，出于抗击苏联的需要，它拉拢和支持的所有第三世界国家都是集权专制国家。而对这些国家发生的所有人权或人道主义灾难，美国乃至西方国家一般都只是泛泛地指责，这其中毫无疑问存在一个双重标准的问题。

陈志武：

我不是为美国辩护，并不是美国所有的做法我都支持。即使对同一件事，美国国内也总是有许多不同的声音和立场。我只是给大家谈得比较多的敏感话题，甚至是情绪化的话题，提供另外一个视角。我说过，不要把美国看成是圣诞老人。这样，我们才更能理解美国的每一政策选择、声明肯定跟自己的利益联系在一起，包括你说的这个双重标准。其实，在中国自己做决策时也会这样，当直接利益跟道德价值观之间出现矛盾时，你会选择哪一边呢？当自己的核心利益不被挑战时，道义当然第一，何乐不为呢？但是，在关键时候，当自己实际利益受到挑战时，情况就不一样了，利益会优先，因为人必须要活下去，更好地活下去的愿望是决策者关注的最高价值、最高利益。美国人是这样，中国人也是这样的。

所以，很遗憾，各国都会偶尔做出双重标准的事，这也是各国的一种权利，我们有权去指责，当我们被指责时也可以去反指责。世界就是这样在多个权利方的相互博弈中动态地前进。

（四）

乔良：

这一点在理论上我和你没有分歧。我承认，关于美国为了自身利益，强迫别人的问题，我是从中国立场上看这个问题的。我主张理性判断问题，即使有的时候我可能会选择激烈的言辞表达自己的观点，但最后的结论却仍然是倾向理性的。包括《美国人为何而战》中的观点，可能其中有些言语对于一个纯粹的美国人来讲有某种刺激性，但实际上主要是为了表述清晰的需要，我也只是想给人们提供一个新的视角，怎样去看待美国在实现和维护它的利益时，有哪些战略考量和方法手段，而这一切，给美国和与美国相对应的其他国家，都带来了什么样的后果。

先看 1985 年广场协议让日元升值的问题。不管这里面有多少复杂因素，包括陈先生在内的许多经济学家都谈到过，这里面有日本经济自身存在的问题。日元长期对美元的低估，实际上是与日本政府为了让汇率更有利于自己的出口。到了日元等国际货币与美元出现严重不合理的匹配的时候，广场协议的签订几乎是不可避免的事情。但是这一协议的设计和签订，毫无疑问也包含了美国政府维护美国利益的动机，那就是日元的升值必将打击和遏制日本出口的势头。广场协议签订之后，果然在一定程度遏制了日本产品出口的势头，可令美国始料不及的是，签订广场协议之时的日元已经完成了国际化进程，已经是国际可兑换货币，在东南亚甚至一定程度上成为和美元比肩的硬通货，甚至有的国家已把它作为储备货币之一。在这种情况下，日本人欣喜地发现，当日元从252日元兑换1美元上升到80多日元兑换1美元的时候，日元一下子变得值钱了。于是，日本人非常迅速地抓住了这个时机，掉转头来，从原来的产品扩张转向资本扩张。那时的日本开始狂买纽约帝国大厦，狂买哥伦比亚兄弟电影公司，甚至发出了“买下美国”的豪言壮语。

这让美国一度颇感紧张，惊呼“日本想买下美国的灵魂”，在这样一种势头下，美国人通过瑞士国际清算银行，提出了“巴塞尔协议”（巴塞尔一号协议），也就是8%的银行储备金率的问题。表面上看，这是一个针对全世界所有银行，为规避金融风险制定的游戏规则。但实际上，它主要针对的是日本的资本扩张势头，这一点不言而喻。日本对此当然不能接受。它不但不接受，不在巴塞尔协议上签字，而且还与当时世界第三大经济体德国联手，一起不肯在巴塞尔一号协议上签字。在这种情况下，理论上说，如果这两个国家不签字，美国也没有办法强求它，因为你不可能因为它不签字就跟它打一仗，何况西方不是还宣称民主国家之间不打仗吗？但不打军事仗，不等于不打经济仗。

美国人用了一个非常聪明的办法，就是和英国签订了双边巴塞尔协议，即由美英两国率先实行巴塞尔协议，率先执行银行储蓄准备金制度。但这个协议最有意思的条文，不是双方准备为全球做表率自律的问题，而是它的最后一条：今后凡与我两国银行打交道的任何国家的银行，都必须实行8%银行准备金率。这样一来，美国人用多边协议未能拴住日本，却用这一狠招，迫使日本不得不就范。

因为美国人很清楚，这世界上还有哪国的银行，既不在伦敦金融交易中心，又不在纽约金融交易中心进行业务往来或结算呢？没有一个国家！这一招迫使日本不得不重新回到巴塞尔协议上来，而这一回最终导致了日本的证券业和房地产业的泡沫的破裂。所以我认为这样的金融策略，仍然可以看作是一种曲折的强制行为，甚至可以认为其中充满阴谋的色彩。

陈志武：

乔将军这个意思，恰恰说明你分析世界的方式跟我看待这个世界的方式很不一样。因为如果换一个角度来看的话，巴塞尔协议，甚至现在的巴塞尔三号协议，实际上是经济全球化或者说金融全球化的必然趋势，顺其者昌。就像这次金融危机所看到的那样，一个国家的金融危机不再像200年以前一样只对本国经济构成影响，而是可以涉及那么多其他国家。你可能会说，如果日本不加入这些国际条约，也许它这次受到全球金融危机的冲击不会那么大。但是，实际上，金融体系应该跟实体经济体相对应、相匹配。你不能说一方面日本产业经济跟国际经济接轨了，但其金融体系又不跟国际接轨。

我2002年10月去东京开一个会，按照我之前的经历，用美国银行卡在中国任何城市甚至在我老家县城的ATM机上都可以取钱，中国的银行到20世纪90年代末已跟美国的银行体系接轨了许多，所以我去日本时，只带了银行卡，没有带那么多现金，结果，到了东京后，在东京走遍了那么多地方，没有哪个银行可以让我取钱，直到2002年日本的银行体系、金融体系，还跟中国、美国、其他国家隔离那么远。结果是谁吃亏？

要我看，日本经济在1990年至1991年以后，停滞不前达20余年，其中至少有几个原因。一个原因是，20世纪80年代末90年代初，中国制造业开始兴起，这对以制造业为核心产业的日本经济来说，是致命性冲击。不管是后来的富士康还是更早的浙江、广东的众多制造业企业，都让日本大受打击，让日本经济很难再依赖制造业。日元升值后，日本劳工成本在国际市场上大大提高，而中国制造业从 20 世纪 80 年代初期很低的全球市场份额在 20 世纪 90 年代快速提升，特别是 2001 年加入 WTO 后更是快速提升。对日本来说，面对这种挑战，他们只有两个选择：要么经济停滞不前很多年，要么发展服务业，特别是金融行业，即淡化对制造业的依赖，做产业结构转型。但是正因为你讲到的原因，日本不开放其金融体系，加上他们对金融的超强监管，在过去的 20 多年里，日本没有真正努力让其金融体系发展。现在回头看，日本经济还是依赖制造业，不希望放弃这个优势。

尤其是今天，中国制造业已在很多领域比日本做得更好，成本更低，日本的制造业肯定守不住。但是，其金融行业又没跟上来，其他服务业也很难有上升态势。我的意思是，不是美国设计的阴谋把日本经济拖垮了，而是其政策所致。与其说是美国和英国联合起来，把日本经济拖垮，还不如说日本自己没有看到中国制造业、中国经济崛起后所带来的根本挑战。如果当初日本金融监管思路能够与时俱进，向金融自由化方向调整，日本经济可能不会像今天这样。也许，如果当初日本主动加入巴塞尔协议，它们可能会更早帮助日本经济转型。他们之所以采用那种情绪化的抵制，跟日本总体非常保守有很大关系。

另外，我注意到你谈到一个问题，就是美国为了维持美元的霸权，不惜发起一些战争。我明白你讲的意思，但是，在我们看这种问题的时候，必须考虑到世界秩序的演变历程。因为从某个意义上说，大英帝国时期跟葡萄牙、西班牙主宰世界的时期相比，是很不同的。之前的帝国体系，更多是为了掠夺资源而建。而大英帝国在整个 18、19 世纪并不是这样，他们不是为了把资源抢夺走，而是在当地做投资，发展经济，发展贸易，就好比英国人在美国当初的 13 个殖民地是 13

个股份有限责任公司，而且还都有股东。英国帝国的体系是为了贸易，不是为了掠夺资源。18世纪末，马嘎尔尼到中国来参加乾隆皇帝的八十大寿，是代表英国国王和中国谈贸易协议，希望跟中国开通双赢的贸易关系，不是要把中国变成殖民地，更不是来掠夺的。

所以，英国帝国体系不是传统意义上的资源掠夺型体系。当然，美国在第二次世界大战前后建立的国际体系，就更加不是掠夺型的，不是基于殖民地的，而是有利于跨国贸易、基于规则的世界秩序。这种基于规则而不基于暴力的国际秩序之目的是让各国之间能更顺利地互通有无。我原来在《中国人为什么勤劳不富有》中谈到过这个话题。看一下世界贸易体系和国际秩序的演变，你就会发现，在英国人之前，这个世界的格局确实是建立在血腥掠夺基础上，甚至到了大英帝国19世纪时，也是由炮舰的数量来决定谁强谁弱。但是，当时的世界应该说没有别的选择。中国即使到了19世纪，在广东还有很多其他地方，到处贴告示说抓住"红毛"杀了后把人头送到县府可以领赏。我们今天有很多中国人到非洲，到拉美和其他国家做贸易、做投资，假如一个地方政府说抓了中国商人，杀了以后还可用人头去领赏，到各国做生意的中国商人会怎么想？！所以，在没有联合国、没有IMF、没有世界银行这些跨国机构，更没有国际法院的老世界里，如果有一个国家能够通过自己的财政收入发展军力，多多少少为那些海域和陆地的外国商人提供人身安全、财产安全，为国际贸易商、投资商保驾护航，那应该是一种非常大的进步，也是对人类社会的一种贡献。

这对中国、对今天的世界经济是什么意思？当然大大降低了跨国贸易成本，使像中国这样的出口导向型经济更能增长。比如，大英帝国时期，最大的跨国公司是东印度公司。整个18世纪和19世纪里，东印度公司的海军和陆军数量，都超过英国皇家海军、皇家陆军。而今天美国最大的跨国公司通用电气公司，没有任何士兵，也没有军舰，但是，它有几千名全职律师！原因就是，在第二次世界大战后美国建立的这个世界秩序是基于规则与国际法，当你和其他国家做投资和贸易时，需要有人把你的利益尽量用法律手段保护起来，但是在大英帝国时期没办法这样做，因为没有那么多国家愿意按共同规则来约束贸易关系，所以，东印度公司不得不用自己的军队保护其在海外的利益。这也是为什么晚清中国难以让中国成为世界制造业大国，而1978年邓小平的改革开放政策很快使中国成功地成为出口导向型经济，尽管中国的海军到今天还不能为中国跨国贸易公司保驾护航。

今天，一个很明显的现实是还没有真正的世界军队，没有世界政府，在这个时候，对于中国这样以出口为导向的、对出口依赖这么高的经济体来说，有一个国家能够用他们纳税人的钱，派这么多海军、这么多军舰和军人，把世界海域的安全维护起来，让中国在改革开放的第二天就能有那么多商船，装载中国进出口产品，安安全全地航行在世界各个海域；中国商人到世界各地投资贸易，也不用担心人身安全。饮水思源：是谁在为中国的商人、商品和海外利益，提供这样的保障和支持呢？我不是为美国辩护。但是，如果没有美国通过其全球海军体系，提供这个安全保障，中国过去30年的经济成就很难达到现在的水平。最近中国的军队到非洲、到索马里维和已经尝到这个苦头了。我们发现原来维持海域安全并不是那么容易的，但是过去30年美国一直在做这项工作。

（五）

乔良：

首先，我同意你说的，当时的日本没能看清中国的制造业和中国经济的崛起对日本经济的根本挑战。但我并不认为这一挑战是构成日本“失去的10年”的主因。如果一定说中国的崛起是“日本的失去”，我认为日本的第二个“失去的10年”，或许与中国有更大的关系。

其次，我也同意你说的，大英帝国建立的秩序，肯定优于它之前所有的帝国秩序，但这也仅是就制度和秩序的更完善和更进步而言，而完善和进步并不必然意味着道义上的无可指摘。如果非要用制度和秩序的完善和进步，来证明其本身同样开明甚至非掠夺性的话，有些问题就很难自圆其说了，因为恰恰是在大英帝国的制度和秩序之下，爆发了美国反抗英国殖民统治的独立战争。按照一个最简单的逻辑，哪里有压迫，哪里就有反抗，如果大英帝国对殖民地的统治是文明的话，美国的独立战争就不会爆发，印度人的独立运动也不会发生，同样，南部非洲的布尔战争也不应该出现。所以我虽然同意英国人做得比它之前的殖民国家更进步，但我并不认为它很文明，更不认为它非掠夺、很仁慈。这个问题你可以再解释一下。至于你说一个世界，由于没有世界政府，总需要有一个或几个强国站出来给全球提供包括安全在内的公共产品，那么美国毫无疑问是起到这个作用的。因为有人讲过，即使有一个比较坏的警察在维持秩序，也总比完全没有警察要好。这个观点从理论上讲我也不反对，但是我也不会无条件地认同它。

美国的确为这个世界提供了包括安全在内的不少公共产品，我想这大概就是美国人认为它有权指责中国搭便车，甚至是免费搭车的理由：一是指责中国搭全球化的便车，一是指责中国搭全球安全的便车。因为中国参加维和都是近些年的事。过去的30年里，中国起码有20年时间没怎么参加国际维和行动。这样的说法似乎言之成理。可恰恰对此，我不认同。我觉得这就如同今天中国政府给中国老百姓提供公共安全产品一样，是因为中国老百姓交了税，应当享受这份公共服务。同理，中国之所以理所应当地享用美国人提供的世界安全，以及美元作为国际储币带来的交易成本降低的好处，是因为中国人在用自己的产品和资源换美元的交易中，给美国交纳了足够丰厚的隐形铸币税。

为什么这么说呢？因为美国为各国提供储备货币，美元被撒向全世界。诚如你所说，美国不是圣诞老人，它不会把美元白送给你。而由于前面我提到的美元与石油挂钩，与大宗商品挂钩，使像中国这样的发展中国家，必须先获得美元才能换回大宗商品。那么中国为了换得美元，付出了多少血汗和财富？举一个最简单的例子。中国人卖给美国人一件衬衣的价格是多少？两美元。美国人把它往自己货架上一摆，每件衬衣的价格就成了十几美元到七十几美元不等，这个价差是不是我们在向美国人交税？还有中国的芭比娃娃。据我所知在中国任何一个商场它的价格都在 190 元人民币以上。可中国人卖给美国人是多少？两美元 。美国人往货架上一摆是多少钱呢？25 美元。这个价差我们也可以把它视作给美国人交的税。

那么中国人交了这么多税，美国人提供公共产品，难道还要回过头来指责我们搭便车吗？就像一个国家的政府为它的纳税人提供公共安全产品是天经地义的一样，美国政府为全世界提供公共安全产品，也是对包括中国在内的世界多国，通过自己的资源和产品，为美国交纳隐形铸币税的合理回报。

陈志武：

换个角度来看，也许，幸亏有美国提供哪里都信得过的美元硬通货，全球化才能运转起来，跨国交易成本才那么低。如果没有一个国家能提供全球范围内都信得过的跨国货币，中国的贸易量不可能这么大，中国的出口不可能那么顺利。不管在拉美还是在非洲的国家，都认美元。如果没有这种美元，中国的货物怎么能出口到那些地方？如果那些地方只能用当地货币支付给中国出口企业，中国企业肯定不干。所以，有美元做支付，就有中国商品的到处出口，也有了中国30年的快速增长。前面谈到，现在基于主权货币的国际体系有其内在风险，需要改革，这些我完全赞成，但不是要主动立即推翻美元体系，因为在出现世界政府、超主权货币之前，那样对中国经济会是破坏性的，中国经济还继续需要稳定的美元。

至于说为了这个中国要付多少税，要给美国多少好处，这是可以讨论的，也是很容易情绪化的问题。

不管是中国出口的芭比玩具，还是衬衣，中国制造商赚得少，是事实。但是，为什么零售价跟出厂价差别那么大？这一点从最近国内蔬菜价格的例子看得很清楚，因为蔬菜零售价在北京是几块钱一斤，而产地价才几毛，这中间的运输费、中介费以及制度成本都很高。几年前，我自己也投资过以前的MBA学生创办的企业，他在中国量身定做衬衣，运到美国卖，虽然衬衣的出厂价为四美元，到美国零售卖50美元，也很难赚钱，因为中间的运输成本、中国关税、美国关税，特别是针对男士衬衣的关税高达20%至30%，加上劳工费和中间商的费用，再考虑到有的衬衣会破损等等，每件衣服个性化服务使规模效益比较差，最终该企业关门了。

但我更要说的是，退一步来想，中国计划经济折腾那么多年，到20世纪八九十年代甚至到今天，国内消费需求仍然有限。在20世纪八九十年代，能够有一个国家给中国制造业提供出口市场，让邓小平宣布改革开放政策的第二天就能为中国社会带来很多赚钱和就业的机会，那已经不错了，是中国很多老百姓应该感谢的。

因为在国内资本市场和整个市场经济还没发展起来的时候，有国家让我们出口就该感谢。更应该指责的是，为什么原来的计划经济把中国人的就业和致富空间压缩到那么小的地步，逼着人们无法靠国内消费带动就业增长？中国制造企业赚钱少，更多应该怪罪国内的经济制度，如果国内消费需求旺盛了，如果国内市场赚的钱可以更多，不是可以选择不再出口制造了吗？

所以，能有出口制造、增加就业的机会，我觉得我们应该感谢。一方面我们抱怨西方经济占了中国社会多少便宜，但是，另一方面我们可以算一下，从早晨醒来直到晚上睡觉之前，你所用到的、看到的不管是生活还是工作所需的东西，到底有多少是中国本土发明的。我们今天40万亿人民币的GDP里只有3万亿是农林牧行业的，是来自中国传统行业，剩下的37万亿GDP都是来自所谓的现代行业——电力、石油行业、煤矿业，更不用说互联网、电信业、汽车行业、火车行业、飞机行业，这些都是从哪里来的技术与行业？今天中国GDP的92%左右都来自现代行业，而现代行业都是因西方社会从18世纪后期开启的工业革命发展来的。这些变化对中国当今GDP的贡献超过90%，其中当然有中国工人和技术人员的贡献。但是，如果没有西方带来的新技术和发展机会的话，这些就业和致富机会就不会有。当然，可以从量化的角度去算，到底应该为这些外来技术、为美元作为国际货币带来的方便以及国际安全、国际公共产品等支付多少钱，这是另外一个讨论话题。

可是，有一点我们必须知道，世界给中国带来这么多，就已经很不错了。现在面对的许多问题，我觉得更多还是要从自己身上找原因。有一个或几个自私的国家为世界维持秩序、提供公共产品，当然比没有人提供这些公共产品更好，这显而易见。

其实，可以把这个说法稍微改一下，在目前的国际架构下，我们实际上应该更相信一个自私的国家去提供这些国际公共产品，反而不愿意相信一个所谓“不自私的国家”。因为当一个国家的私利跟其所提供的公共产品、国际秩序完全捆绑在一起的时候，就达到博弈论里说的“利益一致”的动态均衡。这就像参股一个公司，如果公司总裁自己占股比例较高，你就不用怀疑他的利益是否跟你这个小股东的利益一致了。如果一个国家，比如苏联，出于非经济利益去维持国际秩序时，中国和其他国家反倒应该更加警惕、怀疑，因为这时候你摸不清它背后的行为逻辑和动力到底是什么。

所以，在一个有私利的国家维持世界秩序、为世界提供公共产品的时候，我们可以感到更放心。否则，我们对未来没办法有信心。

乔良：

陈先生特别提到，中国出口到美国的男士衬衣被美国政府征收高达 20% 至 30% 关税的问题，我不理解这与中国有什么关系，无论是这种产品被征高比例关税，还是它最后以 50 美元价格售出，不都是美国政府和美国商人在赚钱吗？我们说了一个多小时，我觉得我和陈先生在每一个问题的抽象定义上都不存在分歧，但我们在对这些问题的具体解读上却截然不同，甚至完全对立。请不要认为我是一个喜欢自己抱怨也代表国家去抱怨的人，我在跟别人谈我的观点的时候，曾经讲到 20 世纪 50 年代初期，当时的国家领导人刘少奇在接见王光英等天津的红色资本家的时候说过这样一句话（当然他是有前提的）：工人其实是欢迎资本家剥削的，你越剥削，我越有饭吃。他讲的是一个很残酷的道理，这个道理在资本家占有资源和资本这一前提下，我是认同的。甚至我还讲到了你没有讲的问题，就是美国战后首位国务卿马歇尔为了不让美国在第二次世界大战之后，其庞大的军工生产能力由于战争的结束而骤然衰退，濒临破产，不惜启动“马歇尔计划”通过借钱给欧洲人而拯救了欧洲，最终也拯救了美国。

我认为 1979 年之后，美国对中国也有类似马歇尔计划的帮助，在美国政府的默许下，美元、日元、马克、英镑等外汇（当然主要是美元）滚滚流入中国。这对改革开放中的中国而言，在一定程度上起到了类似马歇尔计划的作用。我认为中国人不该不感念这一点，但这仍然不是一个让中国处在被告席上被指责的理由。

至于你刚才所说，对西方发明的技术，使全人类包括中国都从中受益匪浅。因为你说如果没有西方带来的新技术和发展机会的话，非西方国家（包括中国）就不会有这么多就业和致富的机会，我理解陈先生的言外之意，中国人应对此抱持感念之心，可是我觉得这未免谦恭得过了头。人类的发明和创造，古今中外从来都是共享的，如同中国从未就历史上自己对人类文明做出的贡献，要求西方人感恩一样，为什么独独要中国人格外认清这一点呢？当美国的航天飞机升空或者美国的“阿波罗11号”登月成功时，难道我们需要美国人因为中国人发明了火药而感念中国吗？

陈志武：

最后我想说，中国可以抱怨，美国也可以抱怨。因为我坚信人类社会，不管是国与国之间，还是任何一个社会里，最后总是靠一个动态平衡来维系。每个国家、每个参与者都有权利去抱怨，而且都应该抱怨，表达自己的利益。有时候，很多国内朋友看到其他国家抱怨中国的抱怨时，就觉得那些国家对中国不公，说，你们抱怨时我们没有反抱怨，而我们刚开始抱怨，你们就反抱怨！——其实不要这样想，大家都有这样做的权利。不管是美国还是其他国家，都会也应该根据自己的利益来决策，这是各国的权利，也是好事。当下的世界秩序的确有很多问题，有许多对中国不利的地方，但我们不能否认中国又是目前秩序的最大受益者之一，国际秩序特别是金融秩序需要改革，但不是需要革命。为推动这种改革，中国需要的不是对阴谋论的迷恋，而是对现有秩序的建设性理解。

乔良：

国际秩序特别是金融秩序，究竟需要改革还是革命，主要是看人类发展到哪一步时产生哪种需求，而不能站在今天的角度断言只需要什么，不需要什么。至于阴谋论和阳谋论的问题，我认为只有当阴谋不存在时，阴谋论才会自动消失。这是一枚硬币的正反面。

附录二

大国崛起要有大智慧
——《瞭望东方周刊》记者对乔良将军的访谈

国防大学教授、军事战略家乔良和搭档王湘穗在1999年写出《超限战》一书，预言战争将突破通常的军事和国家界限，主题包括了超国家组织、非国家组织（如恐怖组织），并扩展到经济、金融、网络、生化等诸多新兴领域，战争将成为“战争大师们杯中的鸡尾酒”。

此后发生的“9·11”事件、阿富汗战争、伊拉克战争、中亚颜色革命、基地组织肆虐等事件不断印证了他的论断。《超限战》陆续被译成英文、日文、意大利文、法文、越南文和中文繁体等各语言版本，被美国、法国、意大利等多个西方国家的军校收藏、研究，在印度和越南甚至出现了盗版。

“超限”之后，乔良转而“突击”金融。乔良说他研究问题的方式主要是通过大量读书和自己思考。从2005年开始，每天给自己定指标，读100页、约五万字的金融专著，大部分是西方前沿著作，每年大约能读完2000～3000万字，碰到不理解的地方就大量查资料、反复印证。

军人研究金融，看似有些风马牛不相及，甚至不务正业。但乔良的解释是，军事和金融不但相关，而且非常相关——不了解金融，就不了解美国的国家生存方式，最终就无法理解美国的战略意图。换言之，懂金融，才能“知彼”，而知己知彼，才能打好中国的“崛起之战”。

2014年3月，乔良对《瞭望东方周刊》详谈了他10年研究金融的心得，以及对中美未来、中国周边热点问题及中国崛起战略的最新思考。

美国究竟要干什么？对此世人误解很多

《瞭望东方周刊》：作为一名军事战略家，乔良将军为什么这么关注金融？

乔良：我关注金融最主要的原因，是因为如果不了解金融，就不了解美国的国家生存方式；不了解这种国家生存方式，就不能理解美国人是怎么制定战略的；而不了解美国的战略，你就不知道对手真正想要干什么。

美国究竟要干什么？这方面世人误解很多。比如，美国为什么要打伊拉克？很多人都以为是为了石油，可如果真是为了石油，打仗之前一桶油38美元，打仗后涨到149美元，升了3倍还多，就连美国老百姓也承受不起，纷纷跑到加油站门前抗议油价飙升，那这一仗打得岂不是得不偿失？

而实际上，如果你懂金融和金融史，特别是当代金融史，又特别是以美元为代表的当代金融史，你就会豁然开朗。这里的奥秘在于，1973年以后，美国人迫使欧佩克答应，全球的石油交易与美元挂钩，也就是全球的石油交易只能用美元结算。如此一来，美国人当然愿意把油价打高，因为油价一高就打出了美元需求。

道理很简单，原来你手里有38美元，就能买一桶石油，现在你如果想买一桶石油，就需要比原先3倍还多的美元。如果你手里没这么多美元，你就得去找美国政府要。但美国政府会白给你吗？当然不会。这就是美国政府想要的结果，你要美元可以，那就拿你的资源和产品来换，而定价权掌握在美国人手里，它可以趁机压低你的价格，廉价享受你的资源和产品。

为什么美国的商品比中国价格低，很多人都不能理解，都说美国人活得太安逸了，不但物美，而且价廉。反观中国，发展这么多年，劳动力成本一直很低，按说你的价格也应该偏低才对，但为什么中国商品的价格比美国还高？原因就是美国可以压你的价，迫使你为了出口，不得不以出口退税甚至以出口补贴的方式，在低于成本价的情况下把东西卖给美国，所以美国人当然可以享受低价商品了。

由于美元和石油的挂钩，当中国在2013年成为全球第一大石油进口国后，就需要准备更多的美元去买石油。这意味着你不得不用更多的产品和资源去换取美元，让美国人用几乎没有成本的绿纸占有你的实物财富。这种交易当然没有公平可言，但却是你加入全球化进程的代价。这是美国人为全世界精心设好的一个局。所以不理解金融，就不可能真正了解美国的战略。

《瞭望东方周刊》：所以金融是更加根本性的战争。

乔良：是的。美国的金融已经进化成了一种人类崭新的文明形态——金融文明形态。

从古至今，每一种文明形态最终的表达是什么？或者说，每一种文明最核心的东西是什么？是信用，是在帝国的疆界内或影响所及的范围内，建立起一种由它主导的信用体系。

大英帝国创造了贸易文明。准确地说，是建立在工业文明基础上的贸易文明的全球体系。它为这个体系确立了一整套的游戏规则，也就是被亚当·斯密所奠基的早期资本主义市场经济理念和价值观。大英帝国由盛而衰后，继承其位的美国实际上是萧规曹随，依然在沿用大英帝国缔造的这一整套游戏规则和价值信用体系。但美国人在英国人的基础上又向前大大迈出了一步——它逐渐远离贸易文明，开创并走向了金融文明。两者的区别是，贸易文明需要在实物和实物之间用货币作中介进行交换，但金融文明则创造了一种新的交易方式，即用纯粹的纸币作为一种特殊商品去交换实物。这种金融文明是用国家实力，特别是强大军力创造的强迫信用，是一种美国独有的霸权形态。这一被美元主导的全球信用体系，由于美国成功地实现了美元与石油的捆绑，已经成为基本的美国国家生存方式，并使其从中获利40余年。美国的GDP在1990年前后达到了7万亿美元，而在此后不到20年，整整翻了一番。这其中信息产业的突飞猛进功不可没，但它为美国GDP的贡献远不如美元的出口。

现在，有些国人不懂这一点，盲目地以为，我们强大了，必定要超越甚至替代美国。但如果连对手到底强大在哪里这个基本的问题都没有想明白，怎么去超越或替代？想想美国在取代了大英帝国的超级大国地位后，并没有完全废止大英帝国创建的信用体系，而是基本沿用了后者。你有本事创造出一种崭新的信用体系，既能推翻大英帝国，又能推翻美国吗？恐怕连想都没有想过，怎么可能推翻？

这就是研究金融问题的时候，我逐渐得出的一些结论。而这些结论，我认为表面上看离军人很远，可实际上却是军人必须明白的——否则，我们将为什么而战呢？

中美军事实力还有多大差距

《瞭望东方周刊》：目前在军事实力方面，中国和美国还有多大差距？

乔良：就武器装备来讲，一个简单的说法是：美国今天有的武器，包括先进武器，我们几乎全都有。但是美国是成规模的，我们仅仅是刚刚拥有这样的武器，差距就在这里。

作战能力则是一个相对比较难衡量的指标。作战经验是一个很重要的方面，这方面美军有，我们不具备——我们有30年没有打仗了，而美军恰恰在这30年特别是后20年里，打了非常重要的4场战争，把军队训练得经验丰富。

但是战场上拼的又不完全是经验，就像胜利也不完全是由武器的先进性决定的一样，还有一个重要的因素就是战斗意志。有很多人担心中国的独生子女一代战斗意志不够顽强，我说你们错了，中国有一套独特的能让军队既能吃苦又不怕牺牲的训练方法。

一个很有说服力的例子是，1984年国庆大阅兵时，参加者是一群以农民子弟为主的阅兵方阵。当时一家有三五个兄弟，人人能吃苦。到了1999年，时隔15年之后，人们认为独生子女一代逐渐登台了，应该吃不了苦。但，他们的正步走得丝毫不逊色于1984年，而且，他们的训练方式的艰苦程度完全相同——都是把大头针放在领口上，稍微一偏头，马上扎得你鲜血淋漓。所有人脚上都绑着沙袋，一天训练下来，从鞋里倒出来的水都是几两到半斤，哗的一摊水就下去了，基本上一个星期磨坏一双胶鞋。到了2009年，就更是以独生子女为主了，一般人认为更不行了。但看看2009年的大阅兵，比1999年和1984年差不差？

仅从这一点就能看出，中国军队有它自己独特的训练方式，培养出一代代军人的吃苦精神和不怕死的劲头，世界上没人能跟我们比。

中国军队是世界上最奇特的军队——从来没有侵略传统，因为整个国家没有扩张传统，可是这支军队极其顽强，极其能打仗。

从战斗力要素的评比上，美军可能强过我们的地方，是它的经验，还有装备，但是我们在战斗意志上一定强于美军。

这方面美国人已经领略到了。一个美国人在写朝鲜战争回忆录的时候，讲了这样一段话。他说，我是唯一一个，或者是为数不多的，在欧洲战场跟德国人交过手，在亚洲战场跟日本人交过手，在朝鲜战场上跟中国志愿军交过手的人。德军和日军的顽强，让我们不寒而栗，但是比起志愿军的顽强，什么都不算。

钓鱼岛要“要的巧妙”

《瞭望东方周刊》：最近一两年，钓鱼岛问题持续升温，成为中日之间最敏感的话题。如何解决，有各种声音，有人认为应该打一仗的。你怎么看？

乔良：日本占领了我们的领土，我们当然不能就此罢休。这里面首先有一个法理问题。日本人什么时候拿走的钓鱼岛？是100多年前，清末甲午战争失败之后签订《马关条约》，把台湾割让给日本，而钓鱼岛归台湾宜兰县管辖，所以顺便就归了日本。这没得说，当时的清政府打了败仗，割让给了人家。我们可以认这个账。

问题是，第二次世界大战中日本又打了败仗，根据《开罗宣言》和《波茨坦公告》把它又还回了中国，这是大家都要接受的事实。愿赌服输，你日本也得认这个账。但为什么又有争议呢？因为日本由于一个意外的原因又“得到”了它。

第二次世界大战结束之后，台湾回归中国，按说钓鱼岛也该一并归还台湾的宜兰县。但占领日本的美国，为了牵制日本、压制日本，在冲绳大量驻军，驻军过程中美国人把钓鱼岛拿去做他们的靶场。因为美军经常要训练，又不能老去炸冲绳，无人居住的钓鱼岛很适合轰炸和演练，所以美国人把钓鱼岛放在手中死活不还中国。接下来朝鲜战争和越南战争爆发，美国跟中国的关系越来越差。到了1971年6月17日，美国人决定把冲绳管辖权交还日本的时候，顺便就把他们原来多占的这个小岛，也一并给了日本。

这显然不符合国际法，也违背了《开罗宣言》与《波茨坦公告》，所以说钓鱼岛理所当然是中国的领土，我们当然应该要回来。

《瞭望东方周刊》：那具体怎么才能要回来呢？

乔良：首先，要得巧妙，要有理有节，有节就是巧妙。巧妙就要选择最佳的时机，收复失地不是说老百姓一生气，咱们今天就得拿回来，总得把握时机。

今天是不是最佳的时机呢？肯定不是，因为安倍执政，为了让日本国民支持他，就需中日关系紧张。而要让中日关系紧张，对安倍来说，最好的牌，就是一个寸草不生的几平方公里的荒岛。

钓鱼岛，对于日本最大的意义，就是安倍需要拿它达到自己的政治目的——他需要日本国民压倒多数地支持他，从而在民意压力下让日本国会支持他修改和平宪法，让日本成为“正常国家”，拥有集体自卫权也就是交战权，使日本自卫队变成国防军。这些任务完成之后，安倍就做到了日本战后历史上90多任首相人人都想做、又都没做到的一件大事情：让日本脱离美国给它的和平宪法的限制，变成“正常国家”。那么安倍毫无疑问将成为日本战后史上最伟大的首相。

钓鱼岛正好就是安倍拿来实现自己企图的最好工具。前年他上台的时候，支持率是60%，与此同时，日本国民对中国的反感率也是60%；2013年年中，他的支持上升率上升到80%，日本国民对中国的反感率也上升到80%；2013年年底他的支持率一度跌到了49%，而日本国民对中国的反感率却上升到85%。这是第一次在安倍支持率下跌的时候，日本国民对中国的反感率继续上升。

这是什么原因造成的呢？除了日本右翼绑架民意，导致日本国民集体向右转向以外，有没有中国人的配合呢？烧日系汽车、抵制日货，在小店门口写上“日本人与狗不得入内”，所有这些行为都让安倍内阁拿在手里，通过日本媒体全面放大，导致日本国民对中国的反感越来越强。而日本国民越反感中国人，就越支持安倍今天的所作所为。

中国人真的那么愿意成就安倍，愿意配合他吗？当然不是，但很多人就是到现在都不明白这一点，甚至有谁理性一点，马上就被骂成是卖国贼。问题是，一个国家强硬与否是你解决国际问题唯一的支撑点吗？如果是这样，要战略智慧何用？

《瞭望东方周刊》：我们的支撑点应该是什么？

乔良：除了血性，我们还必须有理性。理性就是智慧，这还不够，一个大国的崛起，还得有战略耐心。一定要像猎豹和狮子那样选择和等待捕获猎物的最佳路线和时机，眼下肯定不是最好的时候，因为你越强硬，就越配合了安倍，那怎么办呢？是不是我们就干脆不理睬他了？也不行。

今天我们能做的，首先是寇可往，我亦可往。你能巡逻我也能巡逻，使钓鱼岛变成一个被国际社会认可的有争议之地。为什么要让它有争议？就是为了有一天可以解决这个问题的时候，对方没法借口说没有争议而拒绝解决。

眼下为什么不是最好的时机？因为眼下我们面临更紧迫的问题：中国究竟是应该继续向前走，度过未来最艰难的10年，使我们不管面对多强大的对手，都有跟它抗衡的实力更紧迫呢，还是现在先把一个小岛拿回来更紧迫？这里面总有一个轻和重的问题。中国人老说，不要丢了西瓜去捡芝麻，很多人一到这个时候，就眉毛胡子一把抓了，芝麻西瓜谁大都分不清楚。

《瞭望东方周刊》：你觉得这个过程当中有擦枪走火的可能吗？

乔良：有。有意外擦枪走火的可能性，也有故意擦枪走火的可能性，两种可能性都不能排除。所以说要做好准备。不要总是盲目地讲，我们不打第一枪，有的时候在战争中，你不打第一枪，就没有打第二枪的机会。当你发现对手要开枪、手已经扣在扳机上的时候，就要判断，我打不打第一枪？

《瞭望东方周刊》：有可能扩大成一个中日之间的军事对抗吗？

乔良：不会。为什么不会？日本要跟中国进行全面对抗，必须有美国支持，美国现在不可能支持日本跟中国大打一仗。美国只需要日本牵制中国，并不需要日本跟中国打仗，把美国牵进来。所以日本一旦要跟中国全面开战，就等于把美国绑架进来了，这是美国肯定不愿意做的事情。起码现在不会愿意。

《瞭望东方周刊》：在南中国海争端上，也有人主张对越南和菲律宾动武。你怎么看？

乔良：是我们的领土，我们决不会放弃，这是一个最基本的立场。但是又回到前面所说的，什么事情都要分清轻重。

对于中国来讲，南海的石油是唯一决定中国未来命运的地方吗？如果南海的石油拿不回来，中国的现代化进程就会因此中断，那我们当然不惜一战。可是情况并非如此。

我觉得中国从学习做大国，到真正成为一个现代意义上的大国，还有漫长的路要走。美国人在应对各国国际争端问题上，早已经形成一整套标准应对程序。而中国今天连系统都没有建立，还在一点一点地学习，基本上是吃一堑长一智，甚至是吃十堑才长一智。中国的国民也是——国家要学习如何做大国，国民要学习如何做大国国民，不能说起来一口一个大国崛起，结果行动时完全被小国寡民思想所左右。

中国人必须意识到，什么是我们的核心利益

《瞭望东方周刊》：所以南海跟钓鱼岛问题，本质上是一样的。

乔良：不要老被这些纷争纠缠。中国现在最需要的是什么？我

们还需要最少10年、最多20年的发展，如果这段时间我们能平稳度过，到时候全世界没有一个国家能阻挡中国的脚步，那个时候我们消消停停的该干什么干什么。然后我们再往创新文明的大目标上，一步一步地迈进。

文明是需要物质基础的。美国人从18世纪初就开始发展，在19世纪60年代南北战争完成统一之后，经济开始腾飞。19世纪末，美国经济地位跟今天的中国差不多，是世界GDP首屈一指的大国。但当时他们面对大英帝国的全球体系，发现自己根本突破不了，于是便开始耐心等待机会。

美国人比我们有耐心多了，按说以他们的力量，从军事上打垮大英帝国没有问题，但他们没这么做，尽管他们有与英国人交战的预案和计划。他们等到了第一次世界大战，让德国人跟英国人打，打完以后，德国人败了，英国人残了，但美国人仍然没拿到梦寐以求的全球霸权，因为瘦死的骆驼比马大，英国在两百年间建立起的软实力仍在，这是比硬实力更有效的全球统治术。所以，不是说硬实力上去了，霸权就归你了，你没有软实力照样拿不到。

于是美国又耐心等了20年，等待下一次世界大战，为了这一天，直到第二次世界大战爆发前，美国还帮助德国恢复经济，即所谓的“道威斯计划”。美国人告诉德国人，你的“一战”赔款我统统不拿回美国，而是变成在德国的投资。美国人把这笔钱全投到了德国的军工产业上，克虏伯、宝马、奔驰这些大企业都是靠美国的“道威斯计划”迅速强大起来的。而军工产业复苏后的产品是不能和平消费的,只有走战争道路,最终希特勒“不负众望”,带领德国人重新走上战争道路，瞄准的依旧是大英帝国，这回德国虽然再次战败，但也彻底把英国打垮了。美国人于是不费一枪一弹顺利登顶。

这些都是美国人聪明之处——在还不知道《孙子兵法》为何物

的时候，美国人已经和孙子神交了。所以中国人要学美国，不光是学先进科技这些具体的东西，更要学习美国的大战略筹划。整体来讲，相比美国人了解中国，中国人更了解美国，可是在战略研究层面、精英层面，中国的智囊研究美国不如美国研究中国透彻。

《瞭望东方周刊》：在“大国智慧”方面，乔良将军对中国人有什么建议？

乔良：回顾历史，我们可以看出，真正能成为全球性大国的国家，首先要幅员辽阔，其次要资源雄厚，其三就是人口众多，少于两亿都不行。今天世界上，有这个条件的国家有几个？中国、美国、俄罗斯。美国已经是唯一超级大国，俄罗斯现在被经济发展拖了后腿，所以说有可能性的就只剩下中国。

中国人必须意识到，什么是我们的核心利益，到今天为止，我们很多人都不是很清醒。中国的核心利益说穿了就是两条。第一条，中国共产党的执政地位不能动摇；第二条，中华民族的复兴道路不能中断。只有这两条是核心利益，其他都不是。

拿这两条去衡量，其他都不是。不但钓鱼岛不是，黄岩岛不是，连台湾都不是，理由是什么？

中国改革开放 30 年，台湾没有参与，中国照样能发展，这就说明台湾不是中国走向强大的必要条件，也就不能算是核心利益，充其量只能算是可能影响核心利益的重大利益。但是，这 30 年如果没有中国共产党的领导，就不会有这样的发展，而没有这样的发展，中国就不可能成为现代化国家，民族复兴就是空谈。这就是必要条件、绝对条件。

为什么说共产党的执政地位不能动摇？这并不是在盲目地为中共摇旗呐喊，而是因为不管这个党自己承认它有多少缺点、别人批评它有多少缺点，它仍然是集中了今天中国最多精英的一支政治力量，而且现在没有任何一支其他的政治力量有能力取代它。所以说，在这种情况下，特别是中国人一盘散沙的习性没有完全克服的情况下，中国需要这样一个不可替代的领导核心。

先不要急于推进民主，先改造土壤

《瞭望东方周刊》：目前中国一方面仍在崛起，另一方面问题也很多很复杂，在进行“顶层设计”的时候，你觉得最应该注意的是哪些问题？

乔良：最重要的是，不要受别人影响，先厘清自己的思路。

首先要改变和创新自己的话语体系。因为语言决定思维，如果语言很陈旧，思维绝不可能先进，思维落后，意味着创新落后，创新落后还想成为超前国家，怎么可能呢？所以一定要革新语言体系，找到能够为中国未来引领方向的一整套新话语系统。

我觉得我们完全可以找到更有效的表达方法，要让人听完之后，有一种“服膺感”，就是心服，认为你说的非常有道理。如果每次都说因为西藏是中国领土神圣不可侵犯的一部分，所以不能见达赖，美国人是永远不会听的，他会认为你拿自己的那一套语言体系来干涉它的内政。

第二，别急于谈什么民主和自由，民主和自由是需要充分的土壤条件的。

这个土壤条件是什么？是充分商业化的契约社会的建立。当全民都没有契约精神的时候，你就是给他一个民主，结果也会是今天所有我们看到的那些非西方国家的“烂民主”，因为这些国家，没有一个完成了整个社会的充分商业化改造。也就不可能形成滋生民主的土壤：充分的契约精神。

什么叫充分商业化？并不是让所有人充分地为富不仁，人人都去争钱抢钱。充分的商业化，就是人人都具备了充分的契约精神，也就是一切按照合同办事的原则。

什么是民主？什么是宪政？宪政就是在宪法基础上的政治。而什么是宪法？宪法就是全民契约，就是一个大合同，老百姓和政府之间签订的合同——人民给政府什么权力，政府对人民保障什么权利。不要以为民主就只是民众约束政府，民主和自由还意味着民众要向政府必要地让渡你的权利，你才能换得限制政府的权力。

《瞭望东方周刊》：其实我们很多时候，无论是批评或者表扬西方，都还是情绪化的。

乔良：反对它和赞同它都是错的，都没有说到点上。所以先不要急于推进民主，先改造土壤。

有很多人瞧不起GDP，说这是扯淡。这是一种无知。GDP当然很重要，为什么？GDP的高低，意味着国家经济的活跃程度，哪怕是现在这样有点偏向性的GDP——比如中国GDP很大程度是政府投资拉动的，但投资拉动也意味着资金像水一样在流动，如果资金流动停滞的话，这个国家的经济肯定是要出大问题的。

GDP可能有缺点，但发展它仍然是必要的。很多人骂中国的GDP，说这个国家GDP这么高，人均GDP却很低，但这其实并不能说明中国不行。美国是世界上最强大的国家，但美国的人均GDP却不是最高的。如果人均GDP高就意味着强大的话，挪威、瑞士这些小国要远远超出美国。

所以说绝对GDP，仍然是重要的，尤其在中国格外重要。因为绝对GDP意味着一个国家的经济总量，如果它不重要，说明不了问题，那美国人、西方人还担心中国干什么？还“战略重心东移”到亚太来干什么？

很多人对自己谈论的问题缺乏透彻的了解，就急不可耐地站在一个自己不知道的角度去展开盲目的赞同或盲目的攻击。特别是对美国的一切盲目赞同，对中国的一切盲目攻击，盲目的赞同和盲目的攻击，都是世人（包括中国人）很可悲的缺点。

《瞭望东方周刊》：所以很多观点都是情绪化，或者说是自身利益驱动的结果。

乔良：对。当某一项政策触犯自己利益的时候，立刻就变成反对者，某一项政策给自己带来利益的时候，又立刻变成了赞同者，自己根本没有最基本的立场，只拿利益多寡来决定自己的站位，这是一部分人。还有一部分人倒是有坚定的立场，可惜这种立场只表达一种观点，就是政府做什么都是错的，政府做什么他都反对。现在经常在网络上发声的差不多就是这两种人。

未来10年的最大挑战何在

《瞭望东方周刊》：未来关键的10年中，你觉得中国最大的挑战在哪里?

乔良:国内方面最大的挑战之一,在于能不能有力又有度地反腐。

《瞭望东方周刊》："有度"反腐是什么意思?

乔良：有度反腐，就是反腐应该是“下老鼠夹子”而不是“下老鼠药”。下老鼠药，可以毒死老鼠，但鸡鸭鱼鹅也得毒死，下老鼠夹子是打着哪只是哪只，但前提是在打的时候必须同时积极地建立制度，让制度成为腐败的防火墙。

除此之外，还有两大挑战——一是解决分配公平问题，二是解决东西差异问题，而东西差异和分配公平，其实在很大程度上也是互相关联的。

消除差异，不能通过杀富济贫。中国人本来是很善于积累财富的，但是积累的财富，很快就会被造反毁掉。纵观中国历史，基本上是这样一个模式：一个新朝代来临，励精图治，然后繁荣到来，接着就又是腐败，腐败完了造反，造反完了财富再流失，一切重新归零，又开始一个新朝代，如此循环往复2000多年，走不出怪圈。

西方近300年的发展，财富却是一代代累积下来的，因为他们不去搞杀富济贫，而是通过制度的方式，让富人的财富流向穷人，比如遗产税，让富人多交税；比如慈善，用减税的方式鼓励富人行善。所有这些制度，让富人的财富合理合法地流向了弱势群体，远比造反要好得多。

从这个意义上讲，改变分配不均和反腐有直接的关联——要逐渐掐断利益集团的脐带，不能让利益集团再源源不断地从国有企业和老百姓的财富中为自己输血。要掐断脐带，但是又不能完全用追诉原罪的方式去掐断，因为追诉原罪就是使财富的积累重新归零。相当于又造了一回反。所以这个问题，怎么做更有利于国家的发展，使多数人获益，需要深度思考，仔细研究。

《瞭望东方周刊》：在国际层面上，你认为中国面临的最大挑战是什么？

乔良：我认为是资源瓶颈的问题。中国其实是个“地大物薄”的国家——这个“薄”不是“博大”的“博”，是“厚薄”的“薄”，虽然资源丰富但人均稀薄。而中国今天如此巨量的发展规模和速度，需要巨量资源的补充，这些资源只能到海外去拿。

能不能有效地拿到？今天看来很难的，为什么？我们可以看看，我们曾想在苏丹拿油，一开始干得不错，等西方眼红了，给你捣乱，三两下子就给你折腾完了——第一次是达尔富尔事件，第二次是南北苏丹分裂，第三次是南苏丹内战。

另一个例子是在铁矿石和矿产资源方面，看看我们在并购力拓时是怎么铩羽而归的，要知道，这些都不是企业行为，这是整个西方世界对中国的一种联手压制和封堵。

怎样才能拿到足够的资源，这才是我们真正要担心的问题。这需要我们从多方面努力。一是要加强软实力，改善形象，同时还要约束自己，决不要干杀鸡取卵的事情，要努力和当地的资源国家共赢。另外，还要有足够的抵抗力，能够抗衡想封杀你的国家造成的压力。

《瞭望东方周刊》：怎么抗衡所谓的“封杀”？

乔良：先有一支强大的军队。这支军队，要成为中国企业海外投资的保障。如何保障？就是凡有中国企业足迹的地方，都是中国军队有能力保障的地方，所谓“剑到履到”，而不是“履到剑到”。这并不意味着中国要跟全世界作对，而是要让某些国家对中国的军事实力有所忌惮。在这方面美国又是一个榜样。

《瞭望东方周刊》：软硬齐头并进，这会是一个软跟不上硬的漫长过程吗？

乔良：一个国家的软实力获得，特别是创建新的文明形态，从文明史进化的角度来看会很漫长，100年都可能见不了多大成效。但是经济快速发展和军力长足进步，已经把我们逼得没有退路，作为大国，这世界上有些事情，你不管也得管，有些责任你不负也得负。既然如此，我们就别藏着掖着了，不如痛下决心在增强自己硬实力的同时，下大力气自上而下地改善自己的形象和软实力，20年应该能见效。

《瞭望东方周刊》：在此过程中能获得充足的资源吗？

乔良：要知道，世人其实都很势利，你有钱他就要挣你的钱。

现在当全世界都盯着中国人的钱口袋时，你要小心了，一定要确保每分钱都花在对的地方，千万别打水漂。中国现在的海外投资，百分之七八十都在打水漂，都在交学费。在苏丹和澳大利亚交一两次学费就够了，就应该学会很多东西，别到每个地方都去交一遍学费。至于能不能获得中国的发展所需要的充足资源，就需要处理好与相关资源匮乏国家的竞争关系。特别是要清醒认识到，在资源方面，我们更多的将不是与发达国家，而是与发展中国家处在竞争状态，这是由我们都是制造业国家这一现实所决定的。这种竞争在不久的将来可能会变得很残酷，必须现在就要做好充分的精神准备。

《瞭望东方周刊》：你觉得雾霾和环境污染会是一个重大的挑战吗？

乔良：污染毫无疑问是非常影响国民信心的，尤其是首都人民的信心。所以说这个问题必须解决，但是解决它不是那么简单的事情。

我看了一下，洛杉矶的雾霾，从20世纪40年代开始，到80年代才解决完，花了40年时间。中国当然会比这快，因为西方国家的地方政府没有多少实权，也没有多少钱，中国政府则有比较强的执行力。

这就是说治霾中国是可能做到的，但是这需要先解决一个技术性问题，就是到今天我们都还没弄清楚，中国的雾霾，特别是北京的雾霾为什么会一下子变得这么严重。

第二次世界大战前夕的德国，重工业发展得非常迅速，它那时为什么可以做到没有雾霾，英国却未能避免？是因为德国人吸取了“雾伦敦”的教训，把所有的烟囱都建得高达300米，污染物都被大气环流吹走了。这个办法也许不可取，但思路可取。

所以说这里面，应该思考的东西非常多。我们目前还只是口头上说要还给人民一个晴朗的天空，但是还没有充分地论证和思考，怎么还？更重要的是，环保意识是未来文明的重要环节，没有一个洁净的空间，新的文明何处安放？

中国军队需要“观念转型”

《瞭望东方周刊》：你在1999年就曾写过《超限战》，准确预言未来战争将超越军事界限的趋势。15年过去了，你觉得如今全世界范围内的军事革命又呈现出什么样的新趋势？

乔良：由信息技术推动的这一轮军事革命，应该说已经接近尾声。或者说，它已经完全成熟了，成熟就意味着潜力将尽，已经不能给下一步的全球军事发展带来革命性推动了。

和信息技术相关的所有武器装备，在这一轮基本上都已登场亮相，从信息技术的核心——芯片技术——来看，已经挖掘不出多少潜力。而此时的中国新军事革命才走了半程，基于这一点，一些中国的军事研究人员认为，这一轮军事革命正方兴未艾，这其实是以自己为参照系的错觉。因为从世界军事革命的大背景来看，我们实际上是一个追赶者，别人已经完成的东西，我们才正在开始。

对于这一轮新军事革命即将落幕，美国人已经意识到了——他们的信息技术面临的只是如何更好地应用的问题，而不是如何更好地挖掘潜力的问题。与此同时，美国人对于信息技术革命给美军战斗力带来提升的同时，也带来了致命的软肋，正在表现出越来越多的担心。

这是因为，一方面，信息技术确实使美国军事力量大大提升，另一方面，它又使美国整个的军事力量被信息技术的致命弱点所绑架，变得空前脆弱。我多次讲过这样一个例子，一个富人，成天担心自己的财富放在家里会被人偷走，后来他就想，我何不把它们都装在箱子里，打包捆死了，这样不就谁也偷不走了？结果贼进来以后，扛起箱子就一块儿全偷走了。得来全不费工夫。

美国现在的情况就是这样：高度发达的信息技术将其军事力量联结成了一个整体，使其变得空前强大又空前脆弱，因为它是一整个体系——体系是非常容易在一个点上遭到破坏之后，就全盘崩溃的。

比如说信息技术，为什么会成为武器装备威力的倍增器？这完全归功于一个小小芯片具有的巨大能量和潜力，但是你完全可能只用一种技术——比如电磁脉冲武器或微波炸弹——就能把芯片制约住，从而导致对手整个的信息系统全部崩溃。此外，我们的对手很强大，还在于它有了天基系统支持，这又使其不得不形成对于天气信息系统的依赖，这同样构成其巨大的弱点。太空侦察预警系统，是他们所谓的战略制高点，这个制高点可以说格外脆弱，不光经不起反卫星武器的打击，连报废的卫星碎片撞击它，都有可能使它停转或毁掉。

因此美国可以打萨达姆，可以打卡扎菲，甚至打南联盟都没问题，那是因为这些国家都没有能力与其进行全面的信息对抗或太空对抗。但大国可不同，大国都有这种能力——俄罗斯、中国、英国、法国，都有能力攻击太空系统，他们全都知道美国的软肋和命门在哪里。美军的士兵们一人一个GPS，离开GPS都不知道自己身在何处，一旦让GPS失灵的话，它的士兵能不抓瞎？

所以，美国人真正感到忧虑的是，当它空前强大的时候，发现自己也空前脆弱。而我们还在半道上，没有真切体会到这一点，还以为只要信息化了，就能打胜仗，但实际上信息化的结果就是美国现在这样子：强大与脆弱并存——既然美国已经开始担心，我们为什么不提早转弯呢？这是中国军队现在应该思考的问题。

在我看来，中国军队的转型，最重要的不是武器装备的更新，也不是体制编制的变化，而是军事观念的转型——如果观念不转型，只是亦步亦趋地学习美国，美国有什么我们学什么，美国有什么我们搞什么，就根本不叫转型，叫模仿。

《瞭望东方周刊》：军事观念的转型——你所说的“提早转弯”，具体指什么？

乔良：首先是告别模仿美国式的新军事革命，不去模仿美国正在渐渐走入迷途的武器发展模式，尤其是思维方式，转而寻找到一种新思维方式和新观念。比如说，什么东西最有可能制约对手的信息化系统？想清楚这一点，对手越怕什么，我们就越搞什么，这才是我们要寻找的转型路径。

第二是降低成本，这也是非常重要的思维方式。美国打的是一种豪华的战争，制约豪华战争，不能用更豪华、花更多钱的方式，这种仗美国打不起，你更打不起。你只能走降低成本的路，反其道而行之。不能大把大把地把钱花在信息化上，方方面面都搞信息化，遍地开花，成本太高。其实只要找到一种能够制约芯片的办法，就可以把信息完全制住了，而且成本可以非常低。所以我们一定要有“效费比”的概念，一定要降低成本。

要打赢信息化条件下的战争，就要把更多有限的资源和经费投入到制约信息化上来，而不是模仿别人的信息化。

在世界范围内的新军事革命中，中国是追赶者，但后发有后发的优势——可以少走弯路。西方在核心军事技术上对中国的封锁很严，如果一味模仿，搞逆向研发，强行通关，不但未必少走弯路，可能花的钱更多，同时当你快撵上人家时，人家可能已经又开始研发其他新技术了。

《瞭望东方周刊》：现在有国家已经往制约美国信息化的方向上转型了吗？

乔良：应该说没有多少国家在有意识地走这条路。虽然各国多多少少在心里都有这种感觉，但有意识地把它变成一个作战思路和建军思路的，可以说全世界都没有。

中国军队如果能把这个思路确立下来的话，将是真正有价值的巨大转变。现在大家都过于被美军“好莱坞大片”般的战争表演所迷惑。美国军队打仗的同时，会通过电视向全世界直播，在此过程中，你会完全被它震撼和迷惑，从而以为我如果打仗时不这么干就死定了，所以大家都一门心思去模仿美国。

其实这正是美国的目的所在。他们非常清楚，如果我已经信息化而你们不跟着我信息化，我就控制不了你们。我有信息化，把信息化的标准让你们看，然后让你们跟着我走，我永远在前面领衔，永远高你们一两个代差，你们也就永远不可能赶上我。

但如果你完全不按照这个思路走，可能情况就变了。俄罗斯在20世纪90年代末曾修改核战略，因为它发现，它已经没有办法应对整个西方对它的威胁了，最后它索性公然宣布，以后如果哪个国家敢对俄罗斯发动战争的话，俄罗斯将率先使用核武器。

其实俄罗斯并不一定敢先用核武器，但这个办法就是能产生效果。为什么呢？一是俄罗斯真有这么多核武器，二是俄罗斯人“一根筋”，西方担心如果真把俄国人的这根筋给拨动了，全世界尤其是西方根本承受不了。这就是“不按常理出牌”的效果。

当然这只是在制约别人打击你的时候有用，只是“盾”。属于非常规战略，常规情况下怎么办呢？常规情况下你还是需要有足够强大的常规力量，才能维护本国在全球的根本利益，这是“矛”。这个矛可以是你仿造的，也可以是你为自己量身打造的，哪种更适合你？显然是后者。

未来拼的是“高技术游击战”

《瞭望东方周刊》：那么信息化之后，下一步全球各国军事力量竞争的实质在哪里？

乔良：单从军事领域来讲，我认为未来最有效的一种全新的战争方式，实际上仍将是游击战，只不过是“高技术游击战”。实际上美军已经开始具备了“高技术游击战”的一些能力特征，只是还没有提出这个概念而已。

在很多人的概念里，打仗就要先集中部队，就拿空军的作战来说，飞机从各个机场起飞以后，先要到达集结空域，集中编队，然后再向目标进发，成百上千架飞机像蝗虫一样飞过去，把对手炸得人仰马翻，遍地废墟，这是“二战”。现在已经不需要这样了。

现在军队是分散部署，异地共时，在不同的地方同一个时间，对不同的目标发动打击。大家完成各自的任务，各回各的基地，如果在返航途中，有某个目标没摧毁，还可以立刻改道去攻击那个目标。

这种灵活的作战方式实际上就具备了某种游击战的性质。所以我认为，未来谁能够最先让自己的部队更具有灵活性，更具有“高技术游击战”的能力，谁就将成为未来的胜者。

《瞭望东方周刊》：这会要求军队有什么样的新作战能力？

乔良：虽然从客观上说，我主张着力发展制约对手信息化的作战能力，但同时，我们也不能因此就完全不搞信息化了，恰恰相反，我们要在自己独特的信息化能力上动脑子，想办法，而不是一味模仿美军，要打高技术游击战。

首先，还是拿空军作战举例，第一，指挥部从筛选目标到完成作战计划的决策速度要非常快；第二，全地图、全空域的数据在指挥部和飞行员的软件系统里都要有储存。指挥部迅速制订完作战计划以后，第一时间分发到飞行员的电脑上，后者打开屏幕一看就知道任务是什么，航线怎么飞，应该带多大当量什么型号的弹，摧毁的是什么样的目标，所有任务及过程都一目了然，一切都清清楚楚，连派无人机去执行这些任务都毫无问题。

其次，未来部队的组合一定要“模块化”，像搭积木一样，部队的编成组合完全视任务而定，海陆空部队一盘棋，不再是各吹各的号，各唱各的调。这种三军共打高科技游击战的模式，甚至使“联合作战”这种概念都变成了过去时。

比如为了完成某项作战任务，需要海陆空三军协同，一个空军师被两个陆军师使用，海军一支分舰队要为陆军提供航渡，它们之间的组合方式是模块化的，很轻松地契合在一起。不像现在，隶属关系不同，各自归各自指挥，只是由上级单位来协调行动。

部队的组合一旦“模块化”，就会非常灵活。游击战的一个主要特点就是作战人员在编成上极其灵活，哪有笨重的正规军能打好游击战的？

《瞭望东方周刊》：这对于军队的训练方式，是否也会提出比较高的革新要求？

乔良：没错。发展到一定程度，军种的界限就会被打破甚至消亡。联合作战，不再是把部队生拉硬拽到一起，“拉郎配”地去联合，而是“模块化”。

每一个部队，都将在同一个战争的图版上，成为一种拼图式的板块，把它镶嵌进去，它正好属于这一块；下一张图，它又属于另一块。每一支部队都是开放的，都有与其他军兵种部队对接的“接口”，而且这个接口是标准化的，即插即用。组合在一起，构成一幅完整的战争、战役、战斗的拼图。这就需要所有部队把一种非常规作战样式变成一种常规训练，让一支部队完全知道自己如何跟别的部队组合，这是未来军队的发展方向。而且要做到这一点，只是个训练问题，只要有这个意识，实现的时间就不会很长。

美军现在有17支远征军，就是模块化组合的。战斗攻击机专门对地攻击，歼击机掩护它，运输机保障它，预警机为它提供情报指挥，还有卫星系统，组成整个链条的远征大队。它们平常隶属于不同的部队，装备性能各不相同，比如运输机、预警机的速度远不如战斗轰炸机和歼击机，它们之间如何配合，需要反复地磨合。

这就需要先确立理念，形成意识，其次还要有计划地进行组织，其后再按照计划反复训练，训练久了，就会知道将来打仗就照这个样子打。

《瞭望东方周刊》：军队的管理方式，是否也要有相应的变化？

乔良：确实，归根结底这是军队的编制体制要不要军政和军令分开的问题。一个部队总要有它的行政管理系统，可是这个系统如果又要管行政，又要管作战，恐怕是忙不过来的。

美军现在行政和指挥系统已经渐渐分开，一支部队平时有行政归属，但每年会把他们拉到中央司令部按照打仗的方式进行演习训练。训练的时候中央司令部指挥部队，但是部队军官晋升福利之类的行政事务，他们都不管，训练完了回到部队，该晋升的晋升，该有福利的有福利，这就是军政和军令各司其职。这是中国军队未来必须学习的一种指挥方式。

《瞭望东方周刊》：所以军事改革方面学习美国，更应该学习的是管理和思维方式，而不是模仿他们的武器装备。

乔良：没错。美军 20 世纪 70 年代从越南撤出之后，可以说是洗心革面，用 10 多年的时间，完成管理模式的变革，最后才在海湾战争中一鸣惊人。

从越南战场归来的时候，美军是灰溜溜的，抬不起头。所以才痛定思痛，下决心改革。其实美军的改革在此之前，就已被一个人奠基了基础。这个人就是原通用汽车公司老板麦克纳马拉，他担任美国国防部长之后，把美国企业的先进管理模式和成本核算方式带进了美军，使军队面貌为之大变，节约了大量经费，同时也大大提高了效率。

虽然美国人对此也有诟病，有人认为，被麦克纳马拉改造之后，美军更像商业公司，不像军队，但是它确实大大推动了美军的科学管理。全世界没有一个国家经历过这样的洗礼。其实军队和地方，除了产品不同，本质很相似，都是投入产出的问题，都要考虑投入产出比，最后都要讲成本和效益，在这一点上，军队和企业是没有什么本质区别的。所以可以互相学习的东西很多。

《瞭望东方周刊》：其实，你提倡的是学习这种思维方式。

乔良：对。美国学者塞缪尔·亨廷顿说过，在一个先进的国家里，军队是最先进的那一部分，而在一个落后的国家里，军队则是最保守的那一部分。

这就是说，如果想让我们的国家走向更加先进的话，军队应该走在最前面，应该在一定程度上领先。美国经过了麦克纳马拉改造之后，锐意进取，尤其是在高科技领域，特别是信息技术领域深度开掘，引领潮流，走在了整个国家乃至世界的前面。包括互联网等最新科技成果都是美军率先使用的，航天技术同样如此。当美军越来越有效地把商业模式运用到军队管理中之后，美国企业反过来把军人当成了宝贝。美军的高级将领退休之后，经常会被不同的企业聘请去当董事长、名誉董事长，为什么呢？一方面是要借助他们在军方的人脉，好让军方能够在军购这方面对这些企业有所倾斜。另一方面，更是要借助他们有效的管理经验。这对我们不无启示。

附录三

大时代来临前的大国较量
——《环球时报》记者对乔良将军的访谈

《环球时报》：英美等大国都有基于自身发展需要的全球战略思维，这种战略思维在其崛起过程中到达某个阶段时才开始逐渐形成。现在中国是否也已到了形成与自身大国地位匹配的全球战略眼光的阶段？

乔良：中国已经是一个具备世界影响力的国家，在长达20多年的时间里，被国际社会公认为世界经济的引擎和火车头。作为世界经济的动力装置，中国向上游拉动资源国家，向下游拉动市场国家，这种举足轻重的作用，决定了中国世界大国的地位。当今世界，没人能在讨论某个国际问题的时候，不考虑中国因素。既然如此，中国毫无疑问就是大国。

有些人为了贬低中国，指摘中国人均GDP低下，以此否定中国经济腾飞的“含金量”。这种贬低其实毫无意义，因为相反的例证是，一个国家的人均GDP高并不必然具备世界性影响，比如瑞士、卢森堡以及其他北欧国家。中国有世界性影响源自一个独特因素，即中国是所有世界性大国中权力集中程度最高的国家，因此其对资源的支配能力远远超过其他国家，这样一个大国所产生的世界性影响不可估量。因此我们不必在意别人就中国人均GDP高与不高说三道四，这虽然的确是个问题，而且是任何一个国家发展经济的终极问题，但又是需要通过公平与法制进行分配调整才能逐渐改善的问题，这个过程在西方发达国家也是渐进的，凭什么要求中国必须一蹴而就？

最近中国政府刚刚宣布人均GDP突破9600美元，接近一万美元大关。现在国内有人以自己的收入低于这一水平线而自嘲说“我是不是拖国家的后腿了”，这在某种程度上说明我们已从基本解决一次分配问题转入面临解决二次分配问题的阶段，就是在一个国家逐渐从初级富裕向中等富裕迈进时，如何解决公平问题。这是中国当前面临的最严峻问题。这个问题一旦解决，就不会再有任何力量能够阻挡中国的发展。也就是说，真正能阻挡我们的是我们自己。30多年改革开放的成果有很大一部分落入了利益集团的腰包，而没有让更多民众受惠，这是中国今天的问题。

但这个问题不是中国独有的问题，现在包括富裕国家在内的所有解决了一次分配问题的国家，都正面临二次分配不公的问题。有种说法是现在中国10%的人口占据中国90%的财富，有无数据支持我们姑且不谈。美国同样是10%人口占据90%社会财富，这意味着无论美国还是中国都面临着同样的问题，谁也不用笑话谁，谁也不要指责谁。为什么呢？因为不管是东方国家还是西方国家，也无论是发达国家还是发展中国家，均未找到一个最好的公平分配办法。有鉴于此，这些国家面临相似的问题也就不难理解。但这并非说大家就必须理所当然地去接受它，而是必须努力加以改变。谁改变得好，谁将来就是世界领先的国家。如果美国能改变好，美国会继续领先世界100年。但我认为中国改善好的可能性更大。因为中国现在还处在向富裕国家发展的过程之中，整体还未定型，那就容易改变。相对而言，美国是个已经定型的国家，它要有所改变，想要打破既有思想观念、价值体系和利益格局，不是简单的事。为此它甚至要改变法律和价值观。但中国不一样，我们的价值观、法律体系还未真正最后形成。在此情况下，既然中国已经发现二次分配不公的问题，那么就可及时做出调整，将价值观和法律体系向着正确方向调整。如此一来，中国很有可能率先完成这件事情，这对整个人类来说都将功莫大焉。

《环球时报》：刚才您说到中国相对于美国有权力集中的独特因素，如果我们做得足够好，未来可能具备更大优势。那么，相对于支撑美国大国地位的这些要素，支撑中国大国地位或中国模式的决定要素是否有所不同？

乔良：当然不同。如果一样，那么中国的大国崛起就没有什么引导性意义了。中国在崛起过程中只要解决了自身的问题，也就意味着解决了世界性的难题。换句话说，就是中国必须找到适合自身而且前所未有的独特模式。为什么呢？因为过去人类摸索了数千年，才形成了西方的民主政治、市场经济，达到现在这种发达富裕程度，说实话走到这一步相当不易，已在很长时期内给世界树立了标杆。但现在西方开始后劲不足，其能量基本快要释放殆尽，包括传统意义上的所谓民主制度。

西方现代民主制度从17世纪开始萌芽，经过18世纪和19世纪的曲折生长，最终在20世纪成型。这种民主制度与当时人类所能拥有的先进工具或技术相对应。以法国大革命为例，当时资产阶级和第三等级联手对抗王权，其力量与当时历史条件下所能获得的工具相一致，即通过政党政治和报纸媒体这两种方式组织和动员社会力量，最后成功地击败了封建制度，建立起资本主义的民主制度。

从本质上讲，民主制度就是多数决定论，用选票来做出选择。但如果一味地实行票决，唯选票是瞻，民主就可能导致多数人专政甚至多数暴政。这时就要照顾少数人的利益，因此自由的概念与民主并不总是并行不悖的。但中国人在过去100年里对这一点并无充分了解。我们并不知道，民主和自由只有在面对王权和专制的时候才是“盟军”。一旦民主制度得以实现，民主往往就成了自由的敌人。对于这一问题，西方在过去100多年里也没有很好地解决。

《环球时报》：因此现在有人说，美国的经济在衰退，民主制度在衰落。那么，作为最典型的西方民主国家，美国的衰落可能也代表着过去几千年来人类摸索出来的那套西方体制模式，整体出现了危机。可以这样理解吗？

乔良：如果泛泛地说以美国为代表的西方民主制在衰落，那么美国或整个西方可能都不服气。但我们可以从原理上切实揭示这种衰落。在我看来，美国现在的衰落恰是美国的创新所致，是互联网触发了这个衰落过程。因为互联网是新工具，它将促使人类创造新的民主路径。当年西方资产阶级和第三等级借助政党制和媒体来组织动员民众进而创造民主制度的方式，在互联网面前已经过时。现在各种纸媒在互联网面前呈现整体性的衰落，而它当年可是民主制的重要工具。当每个电脑或手机终端都成了投票器时，谁还那么在乎报纸呢？政党也已不再是民主的标志，而是逐渐沦为多种利益集团私利的代表，无论美国还是中国台湾都是如此。这就意味着西方制度赖以生存的工具和平台已经衰落，而它又没找到新的方式。难道美国今天创造出“互联网民主”了吗？过去政党和报纸都是用来表达民意，但现在两者都成了过去时，因为互联网时代不再需要或主要依靠它们来表达民意。因此我说西方民主制的衰落，不是指“民主”这个抽象概念的衰落，而是依附或支撑西方当下民主制的要素在衰落。

中国还处在成型前的软化状态，有可塑性。美国则处在成型后的固化状态，可塑性已失。虽然美国学者福山最近几年很热，但我觉得他对人类政治和社会的了解仍然肤浅。因其根本没弄清楚这个世界到底在被什么撬动和改变，尤其不知道技术如何改变社会形态和人们的心态。

有人可能会说，你这是不是技术决定论啊？其实不是。客观而言，每种技术都改变了当时的人类对于社会的认知，这种改变最后会融入人类基因并传承下去，这样一步步才走到了今天。

就这个角度而言，美国根本不用担心与中国这些后发国家陷入“修昔底德陷阱”，因为它将不会被挑战者打败，而是败于自身的技术创新。美国在20世纪末到21世纪初对世界最大的贡献之一，就是互联网的发明及其完善、普及，但让美国人始料不及的是，互联网将埋葬霸权。互联网在诞生之初面目可爱，让很多人趋之若鹜，因其在经济产能、政治影响、军事力量、文化扩张等各个方面都能起到“倍增器”作用。但在普及后，互联网立即露出其悖谬的另一面，即扁平化和去中心化特征，其结果就是消解权力，其中包括美国拥有的世界霸权。互联网在技术层面天然地迎合和支持中国等后发国家提出的世界多极化主张。

《环球时报》：“文化大革命”后期，毛泽东提出“三个世界”理论，虽然其中可能掺杂了意识形态等因素，但那个理论确实对当时中国甚至世界的发展带来巨大影响。作为对比，现在中国发展得更好了，但我们好像变得缺乏战略眼光，过于关注眼前短期问题，而不能放眼全球立足长远思考问题。您觉得我们是不是存在这样的问题呢？

乔良：说得很对。改革开放后中国变得越来越庞大，如果不说强大的话，但国人的格局却似乎变得越来越狭小。即使很多关心国家命运和前途的人，一谈到国际问题就是黄岩岛、钓鱼岛，只知道盯着面积只有几平方公里的小岛群或更小的小岛礁。一说国内问题比如军改裁军，大家就瞄向几个文工团。事实上，即便把文工团全部裁掉，我们还需要裁29.7万人。面对裁军这么大的动作，大家就盯着文工团那3000人，这就是国人的格局。当然，我不是说盯着这些就不对，而是不够，格局太小。

究其原因，这与过去30多年来我们过于务实有关。整个国家自上而下流行务实之风，才会踏踏实实实现发展，这是“正”的一面。但同时也有“负”的一面。“文革”中有句话很有意思，就是“只顾埋头拉车，不知抬头看路”，当时主要用来批评那些虽然踏实工作但缺乏“世界革命”胸怀的人。这句话今天仍可借用，中国人已踏踏实实拉车30多年，现在突然抬头看路时发现前方已经没路了。为什么呢？过去我们是“摸着石头过河”，踏踏实实干事，因为抬头看路你也到不了终点。但人容易有惯性，摸石头摸惯了、拉车拉惯了就不喜欢抬头了。今天的中国就到了必须改改这个习惯的时候。

刚才你提到毛泽东的“三个世界”理论，它在当时是个非常重要的战略定位。当时中国不是世界经济的引擎，而是世界革命的灯塔，在这种情况下毛泽东把中国划在第三世界是正确的。而在毛泽东身后，中国开启了改革开放进程，逐渐从过去西方发达国家的打工仔变成现在的引领者。面对这一转变，中国必须修正自身战略。

首先需要重新进行战略定位，确定现在的中国是个什么样的国家。我们无须担心调整后的战略定位与口号相冲突，比如说“永远不称霸”。事实上，中国既不会奔着霸权国家的方向走，也根本成不了霸权国家。因为当今互联网的扁平化和去中心化将实现对权力的消解，世界格局将向多极化发展，这使中国无法谋求世界霸权。也就是无论客观上还是主观上，中国都无法成为美国之后的新霸权国家。当然，天下大势分久必合合久必分，或许经过互联网时代和世界多极化的漫长过程，世界还会重新归于一统，但那是另外一回事了，不是中国现在要考虑的问题。中国赶上现代是当下，你的使命就是迎合互联网带来的多极化趋势，将互联网对多极化趋势的促进作用发挥到极致。

那么中国如何定位？首先就是我们已不再仅仅是区域性大国。大概10多年前我们还是这样的国家，但这个门槛现在已被我们在不知不觉中迈过去了。自从GDP超过日本之后，中国就迈过了区域性大国的门槛。现在中国GDP是日本的两倍，相当于美国的70%。当年苏联和美国并肩的时候，苏联GDP也只有美国的60%。如此看来，现在的中国毫无疑问已是世界性大国。在此情况下，中国的定位就应是引领世界未来新的经济和政治制度的国家，这也是中国的作为大国的使命。

《环球时报》：这是不是意味着随着国际地位的改变，中国面临的国际关系也要改变，中国的外交走向也要随之改变呢？

乔良：在这个时段，中国要给自己在世界坐标上定位，就必须先确立自己与其他国家的关系，并把如何发展这些关系排出优先次序。中国不是纯粹中立国家，“国家不分大小，一律平等”，这是就国家权利而言，并不意味着我们要搞“等距离外交”。中国对国家关系的安排首先要考虑中国的国家利益。作为当今世界性大国之一的中国，应该怎样看待国际关系呢？有些人说我们必须更关注大国关系，有些人则希望固守20世纪六七十年代划定的“第三世界”阵营，因为毛泽东当年说是第三世界国家把我们抬进了联合国嘛。但在今天，无论过于关注大国关系还是继续作为穷国领袖，都不是中国的选择。现阶段，中国外交应该看重的是要国关系。

何为要国关系？同中国现实利益相关的大国是要国，同中国发展需求相关的小国或中等国家同样是要国，比如，中国需要从苏丹或中东地区某国获得石油，那么它们对中国来说就是要国；澳大利亚的铁矿石或其他矿产资源对中国很重要，它对中国也是要国。其实，大国外交不等于只注重大国的外交。这是对大国外交的误解。历史业已证明，只注重大国的外交，并不利于中国的发展，在这方面我们可谓误入歧途甚久。过去我们过于看重与大国之间的关系了，使我们一些外交人员甚至“走出去”的企业都沾染了嫌贫爱富的习气。因此，先后经历过弱国外交、大国外交的中国，现在应进一步转向要国外交。

当今世界上，美国实施的是全方位外交，东盟国家等很多其他国家是区域性外交，它们都与中国所要寻求的要国外交不同。因此，中国发展要国外交毫无参照，只能依靠自身摸索并拉出清单。

《环球时报》：我们感觉中国的领导层已经开始具备一种全球战略眼光，比如“一带一路”至少在规划上带有连接亚欧的构想，总的来说，是我们的眼光已向全球投射出去了。但光有领导层的眼光不够，学界以及社会整体层面如果还是无法走出您所说的只知道低头拉车不知道抬头看路，那么国家战略可能也无法获得足够共识。同西方大国相比，对于国家全球战略投射的支撑，中国各领域是否还有很大差距？

乔良：过去近 40 年来，中国运气一直不错，新中国成立后的前几代人在不断的摸索中做了他们应该做的事情，当然也不可避免地出现一些偏差。但无论成就还是教训，都成了这一代人进一步推动中国发展的基础。也就是说，我们是站在前人的肩膀上继续向前走。

在我看来，“一带一路”是中国在经过过去 30 多年迅猛发展后，第一次提出的比较清晰的大战略设计。这一战略设计体现出决策层已经头脑清晰，但问题是政府部门和学界对此仍然误解甚多。决策层的任务是做出决策，接下来的具体落实和目标完成需要“工具”，即政府部门等执行层面的“工程化”过程。但作为工具，我们的政府部门对于执行“一带一路”这样的战略设计似乎还有些准备不足，这恐怕与中国经济一直处于计划经济体制向市场经济体制过渡的未完成时有关，因此处在一种统制经济“硬件”与市场经济“软件”

的混搭和尴尬状态。这种模式虽然仍有效率，但在整个经济发展中代价高昂：一是因为这种状态下中国的经济发展，很大程度上依赖廉价劳动力的红利。在经济全球化形势下，中国收获的廉价劳动力红利相对较少，美国等西方国家却从中所获甚丰；二是因为腐败过去曾以一种扭曲的方式产生效率，推动中国经济，但它同时也使利益集团得以形成，严重侵蚀中国自身肌体，这个代价同样高昂。新一代领导人上任后意识到，再不反腐中国就无法继续前进，于是开展强力反腐。那么在不腐败的情况下，效率从何而来？这就需要重新整合官员干部队伍，要么“换脑”，即更新官员思维，要么换人，即直接换上一批更能干的人，否则整个机器就无法向前滚动了。

但这其实很难，因为我们根本还没有更换新思维的条件。过去统制经济的模式逐渐走不通了，市场经济理论又不完全适合中国，存在水土不服问题。现有发达经济理论都由西方国家提出，而这些理论从未面对过中国这么多的央企、国企。换句话说，从来就不是为指导中国式的央企、国企而准备的。因此，尽管西方经济理论众多，但没有一种能指导这么多央企、国企进行市场经济。这就需要一种新的经济理论，以便在带着统制经济印记的硬件上指导央企、国企按照新的形式运转。换句话说，我们需要中国式经济学。只有把这个拿出来，才能让我们的官员干部去“换脑”。如果没有中国式经济理论，那么让大家的头脑“腾笼换鸟”，就只能沦为空喊，这是中国今天面临的真正问题。

有了中国式经济学理论，我们才能予以实施进而使自己变得强大，才能做到习近平主席所说的“打铁还需自身硬”。如果身板不够硬，即便制定一堆战略也实现不了。比如，我要跑马拉松、要拿世界足球冠军，说起来目标都是好目标、战略都是好战略，但你身板不行，这些目标和战略就不适合你。

实现大国战略、全球战略终究还是要靠实力。美国为什么能制定和实施它的全球战略？因为它的能力与这些战略匹配。中国过去为什么无法制定全球战略？因为那时候我们的能力与战略目标还不匹配，制定了也是放空炮。那么现在“一带一路”为什么有可能实现呢？因为这个构想和我们的能力相一致了。首先，中国有强大的制造业能力，其次有规模巨大的外汇储备，亚投行可以成为非常好的媒介。“一带一路”沿线多是穷国，另一端的欧洲才是富国。那么这些沿线国家除了从中国借钱，还需要借经验。中国的经验是什么？“要想富先修路”，中国所有地方富起来都是先修路。那么，沿线国家借中国的钱首先应该修路，先让基础设施发达起来，而不是先去填饱你的肚子。虽然我们对于贷款国不提政治条件，但会有些经济条件，比如，要买我的钢铁、水泥、高铁。如此一来，中国的制造业和资本就都走出去了，沿线国家也发展起来。“一带一路”建立在这个基础上，因此才有可能成功。相比之下，所谓中国要成为海洋大国或走向太平洋，其实那是远期目标，眼下没有可能走通。

《环球时报》：美国虽有全球战略思维，但落实到具体问题时，还是带有明显的地缘政治思维，比如发动伊拉克战争、阿富汗战争以及军事介入其他中东、北非国家事务。另外，俄罗斯“收复”克里米亚、军事介入叙利亚等，也都带有地缘政治的影子。那么在这样一个全球化并且也讲究全球战略的时代，地缘政治到底过时了吗？

乔良：自有人类历史以来，所有有效的政治模式或手段都不会过时。事实上，它们只会改换方式，改头换面之后再次呈现。就像雪莱的那句诗一样，从来没有过死亡，只是一次幻化而已。因此地缘政治不会过时，但它确实不够用了。

现在我们看到，美国在全世界到处制造地缘动荡，要么搞“颜色革命”，要么直接出兵打仗，比如打科索沃、阿富汗、伊拉克。显然，无论是高调主张“全球治理”，还是暗箱操作“币缘政治”，美国都从未放松过“地缘政治”这根缰绳，始终把全球地缘关节点牢牢地攥在手里不放，不信看看，世界上哪一个地缘关节点没有美国人的影子？同样，俄罗斯从收回克里米亚到现在去叙利亚打IS，也是要控制地缘的关节点。那么，这是否意味着地缘政治重新上升为最主要的政治冲突模式呢？这要看对哪个国家而言。

对俄罗斯而言，确实如此。因为从彼得大帝、叶卡捷琳娜女皇到现在的普京总统，一以贯之的思维方式就是地缘政治，它对领土问题格外看重，在这点上超过所有其他国家。普京有句名言：“俄罗斯虽然领土辽阔，但没有一寸土地是多余的。”这就是对这种思维方式最好的注脚。

地缘政治对俄罗斯仍然适用和有效，因为俄罗斯至今仍然没有货币霸权。它的国家利益的实现，主要还是通过地缘手段，完成物流层面的经济获利方式。比如，俄罗斯需要将其油气资源输送出去，将其矿产资源售卖出去，通过这些方式推动国家经济发展。如此就不难理解为何它对地缘如此在意了，因为任何地缘关节点卡了壳，比如，某一国家截断俄罗斯的对外油气管道，都将直接影响它的经济。因此，地缘政治对于俄罗斯这样的国家当然重要，甚至可以说对美国之外的所有国家都同样重要。

在这方面中国也不例外。试问我们能不考虑控制南海吗？能不对马六甲海峡有朝一日被掐断感到担忧吗？否则，为什么我们对克拉地峡那么热衷，又对瓜达尔港以及中巴铁路那么看重呢？其实这些忧虑都来自地缘政治，因为那是你当前和未来很长一段时期里经济获益的通道甚至生命线。

相对于俄罗斯、中国等国，美国虽然也看重地缘政治，注重把握地缘关节点，但其对于地缘政治的利用和获利方式已然不同。美国控制地缘已经不再是停留于物流方面，不单是为了控制、获取资源。美国早已不是单纯的制造业国家，不需要通过物流把那些资源作为原材料运回美国，然后加工成制成品再卖出去，这已不再是美国主要的获利方式了。

那为什么美国还要控制地缘关节点？那是因为它要让资源按照它需要的方式流动。美国给世界提供安全公共产品，承担世界警察的责任，目的是让全世界的资源有序流动，比如，进入中国这样的制造业国家，生产出产品来，再别无选择地廉价卖给美国人去享用。另一更重要的原因是，美国要通过控制地缘政治来满足其币缘政治需求。因为美国真正的获利方式是运用金融霸权。拥有金融霸权，全球资本的总控就在美国手里。而控制了资本流动，其他一切资源尽在掌控之中。

因此,美国已经让地缘政治变成其币缘政治的附庸和实现工具。这一点很多人至今都还没能理解，貌似美国和俄罗斯都在控制地缘政治关节点，只是规模不同而已，但本质区别在于美国要控制资本，而俄罗斯却是要控制物流。控制物流的国家在层级上低于控制资本的国家。美国只要能够保证全球各地的资本最后都能回流到美国，它就能够掌控这些资本进而继续掌控全球。但俄罗斯和中国还做不到这一点，这些国家还没有金融和货币霸权，当然也就没有像美国那样控制资本流的需求。

美国在其他国家搞“颜色革命”，表面上看是要颠覆那些国家不符合美国“心意”的政权，但实际上这与美国自20世纪50年代以来一直秉承的战略相一致，即让更多国家破碎化，只有破碎化，才使其易于为自己所操控。比如，美国通过“颜色革命”给乌克兰制造危机，貌似是为推翻亲俄且腐败的亚努科维奇政权，其实背后的意图是一石多鸟，不仅要扶植亲美政权，还要使乌克兰成为阻断俄罗斯和欧洲接近的防火墙。因为欧盟与俄罗斯都是瘸腿巨人，前者有经济实力无军事实力，后者则刚好相反。而如果这两个“瘸子”走到一起，就成了一个完整的巨人，这是美国无论如何不能容忍的。

这还不算，美国此举还有另一层意图，那就是通过乌克兰危机甚至内战，使欧洲的投资环境恶化，其结果就是我们所看到的：上万亿资本撤出欧洲。包括前不久土耳其击落俄罗斯战机，这一突发事件背后仍不难看到美国利用北约牵制欧盟的影子。即便我们对此不予深究，但仍可看到该事件导致的客观结果之一是土、俄两国股市下跌、资本逃离。总之，美国在给别国制造危机的同时，也在促使资本顺着美国希望的方向流动，最终进入美国。

那么在这些事件中，到底是地缘在起作用还是币缘在起作用？或者到底是为了地缘还是币缘？实际上，是利用地缘危机营造对币缘有利的态势。如果仅仅看到地缘，那就流于表面了。美国人的战略动机是要操控资本，而不仅仅是操控地理。从这个角度来讲，美国与其他国家的获利方式根本不在同一个层面上，它已让地缘政治变成币缘政治的附庸和工具。

那么其他国家怎么跟美国抗衡呢，是争一时一地之得失吗？当然有的时候该争也要争，但那绝不能成为主要方面。如果哪个国家能懂得你要争的是，即使这份资本我不要了，也不能让美国拿走。谁若能掐住美国资本回流的路径或方式，也就掐住了它的命脉。谁能明白这一点，谁在今天的大国博弈中，就算大彻大悟了。因此其他国家在与美国抗衡或制定相关战略时，不能简单考虑某一仗能否打赢或怎么占住地盘，而应考虑如何截断资本流。2001 年“9·11”事件为何给美国带来如此大的震撼？因为它在一个月内就让 3000 多亿资本逃离美国。如此将各类事件加以联系和考虑，就能获得对地缘政治和币缘政治更深的了解，而不会简单地认为地缘政治的重要性现在重新上来了。

对于其他国家而言，地缘政治依然如故；对于美国来讲，地缘政治依然是为币缘政府服务。不过现在美国似乎越来越倾向于使用地缘手段了，因为这是给别人制造麻烦最便捷的办法，况且它也拥有这方面的军事实力。这样做要比通过其他手段强压别国资本流出来容易得多。如果美国仅仅通过加息来吸引资本回流，那它不亏死了？最好的办法就是让别国投资环境变坏，这样资本就会乖乖出走，等于去廉价地为美国经济服务了。

《环球时报》：现在中国面临非常现实的地缘政治压力和挑战，比如，美国亚太再平衡以及南海领土争端等。那么未来中国该怎么做，在无金融霸权之前只能走地缘政治这条路吗？或者是我们能找到别的路径？

乔良：我们当然需要理解美国这种战略的生成原理和实施流程，但美国是世界上第一个金融帝国，在我看来也将是最后一个金融帝国。美国之后不会再有帝国，也不会有金融霸权。这与互联网时代的到来有关，互联网已使货币高度电子化，网上消费、远程交易正在驱逐实体货币，或者说“去货币化”。或许不远的将来，我们就会迎来一个没有货币的世界，那么到时候“皮之不存，毛将焉附”，还有什么货币霸权可言呢？

因此中国未来不要强行地去谋求什么货币霸权，因为它将成为一种没落和过时的模式。现在中国只应谋求一点，就是在货币霸权消失之前，尽可能让人民币成为国际化货币。我相信中国未来可能会面对美元、欧元和人民币“三币鼎立”时代。那个时代过后，世界将会用新的信用方式和度量方式取代货币。这就是说，我们将面对的是一个大时代来临之前的最后一场决定性的大国较量。

在此之前，面对现有的地缘政治压力，我们还是应该回到“一带一路”上来。这是一个百年目标，完全无须急于完成。即使我们能以“深圳速度”去修一条铁路直达欧洲，也千万不要去干这种傻事。因为“一带一路”的成功与否，最终取决于沿途人文环境的改变，在此之前如果“一带一路”仅从物质层面完成，那就肯定是死路一条。既然如此，“一带一路”就只能成为一个方向，而不应是方案。我们根本无须考虑短期内就打通欧亚大陆桥，因为它的直接目的不是打通欧亚之后跟欧洲人直接做生意，那对中国来说并不那么重要。重要的是我们与沿途各个国家的互动，主要目的是让中国的产能和货币走出去，同时帮助相关国家发展他们的经济。这样能解决一个是一个，最后就会形成“条条大路通罗马”的形势。如果只有一条铁路通向欧洲，那你就死定了，沿途任何一个国家只要掐住你，你就得留下买路钱。但是如果有很多条路都畅通，那时任何国家就都明白，单独掐断中国的铁路就等于掐断它自己的生路，那样它们也就不会动这样的心思了。

“一带一路”从安全角度来看，必须改变沿线经济现状的同时，改变人文环境。如果继续让一群宗教极端分子通过一本《古兰经》就能操纵当地民众，那你还是走不通。因此，必须在当地激发好的人文环境，让穆斯林世界把他们善良的那部分人性充分发挥出来。这样才能保证“一带一路”的成功。

同时也不能忘记，我们手上还得有“剑”，即所有“一带一路”能够到达的地方，都需要我们的军事力量能够到达。我们不会像老殖民帝国那样用剑去开路，因为中国已足够大，我们并不需要别国的领土，也不需要殖民地，但我们需要用剑去保护自己。因为“一带一路”沿线多是穷国，穷国最大的问题是见不得钱，你把那么多钱投向那里，一定会催生当地的腐败，当地社会形势也会随之变得复杂，那样中国将很难保证自身利益。这时就需要有与该国主流力量并肩作战的能力，消灭那些既危及当地国家生存也危及中国自身利益的势力，这就要求我们必须打造一支能够走出国门的军队。

附录四

主要参考文献

[1][英] 尼尔 · 弗格森 . 战争的悲悯 [M]. 董莹，译 . 北京：中信出版社，2013.

[2] 陈雨露，杨栋 . 世界是部金融史 [M]. 北京：北京出版社，2011.

[3][英] 尼尔·弗格森 . 纸与铁 [M]. 董莹，译 . 北京：中信出版社，2011.

[4][德] 丹尼尔 · 艾克特 . 钱的战争 [M]. 许文敏，李卡宁，译 . 北京：国际文化出版公司，2011.

[5] 金圣荣 . 贸易战 [M]. 北京：电子工业出版社，2011.

[6][英] 尼尔 · 弗格森 . 金钱关系 [M]. 唐颖华，译 . 北京：中信出版社，2012.

[7] 张欣尧 . 好懂的世界格局 1：美国的崛起 [M]. 南京：凤凰出版社，2013.

[8][美] 詹姆斯 · 里卡兹 . 全球货币战 [M]. 李建涛，等译 . 北京：军事谊文出版社，2013.

[9] 王建，等 . 新战国时代 [M]. 北京：新华出版社，2004.

[10][美] 彼得 · 施魏策尔 . 里根政府是怎样搞垮苏联的 [M]. 殷雄，译 . 北京：新华出版社，2001.

[11] 宋鸿兵 . 货币战争 [M]. 北京：中信出版社，2007.

[12] 芦菁 . 我在美联储监管银行 [M]. 北京：清华大学出版社，2007.

[13][美] 弗兰克 · 帕特诺伊 . 诚信的背后——摩根士丹利圈钱游戏黑幕 [M]. 邵琰，译 . 北京：中国现代出版社，2005.

[14][英] 塞缪尔 · 亨廷顿 . 文明的冲突与世界秩序的重建 [M]. 周琪，等译 . 北京：新华出版社，2010.

[15][日] 吉川元忠 . 金融战败 [M]. 彭晋璋，译 . 北京：中国发展出版社，1999.

[16][美] 约翰 · 珀金斯 . 一个经济杀手的自白 [M]. 杨文策，译 . 广州：广东经济出版社，2006.

[17][美] 希亚特 . 帝国金钱游戏 [M]. 王少国，译 . 北京：当代中国出版社，2010.

[18][美] 约瑟夫 · E · 斯蒂格利茨 . 不平等的代价 [M]. 张子源，译 . 北京：机械工业出版社 ,2013.

[19][韩] 张夏准 . 富国陷阱：发达国家为何踢开梯子 [M]. 肖炼，译 . 北京：社会科学文献出版社，2009.

[20] 时寒冰 . 未来二十年，经济大趋势（现实篇）[M]. 上海：上海财经出版社，2004.

[21] 张捷 . 霸权博弈 [M]. 太原：山西人民出版社，2010.

[22] 张五常 . 货币战略论 [M]. 北京：中信出版社，2010.

[23] 时寒冰 . 时寒冰说经济大棋局，我们怎么办 [M]. 上海：上海财经大学出版社，2011.

[24] 徐弃郁 . 脆弱的崛起 [M]. 北京：新华出版社，2011.

[25] 张捷 . 信用战：全球历史演进元规则 [M]. 太原：山西人民出版社，2012.

[26] 张捷 . 定价权：敲开金融霸权的内核 [M]. 北京：中国发展出版社，2014.

[27][美] 廖子光 . 金融战争 [M]. 林小芳，查君红，译 . 北京：中央编译出版社，2008.

[28][美] 迈克尔 · 赫德森 . 金融帝国：美国金融霸权的来源和基础 [M]. 林小芳，嵇飞，译 . 北京：中央编译出版社，2008.

[29][美] 科恩，德龙 . 影响力的终结 [M]. 杨涛，译 . 北京：中信出版社，2010.

[30][美] 安德鲁 · 巴塞维奇 . 华盛顿规则 [M]. 于卉芹，译 . 北京：新华出版社，2011.

[31][美] 巴里 · 埃森格林 . 嚣张的特权 [M]. 陈召强，译 . 北京：中信出版社，2011.

[32][美] 哈奇格恩，萨特芬 . 美国的下个世纪 [M]. 张燕，单波，译 . 北京：社会科学文献出版社，2011.

[33][美] 大卫 · 格雷伯 . 债：第一个 5000 年 [M]. 孙碳，董子云，译 . 北京：中信出版社，2012.

[34][美] 西恩 · 麦克米金 . 一战倒计时 [M]. 何卫宁，译 . 北京：新华出版社，2013.

[35][美] 本 · 斯泰尔 . 布雷顿森林金融战 [M]. 符荆捷，陈盈，译 . 北京：机械出版社 ,2014.

[36][美] 弗朗西斯 · 福山 . 历史的终结与最后的人 [M]. 陈高华，译 . 桂林：广西师范大学出版社，2014.

[37][美] 米尔顿 · 弗里德曼，施瓦茨 . 美国货币史 (1867—1960) [M]. 巴曙松，等译 . 北京：北京大学出版社，2014.

[38][美] 彼得 · 哈特 . 世界大战——1914–1918[M]. 何卫宁，译 . 北京：新华出版社，2014.

[39][美] 希勒 · 非理性繁荣 [M]. 李心丹，译 . 北京：中国人民大学出版社，2014.

[40][英] 尼尔 · 弗格森 . 货币崛起 [M]. 高诚，译 . 北京：中信

出版社，2009.

[41][英] 李德 · 哈特 . 第一次大战史 [M]. 林光余，译 . 上海：上海人民出版社，2010.

[42][英] 保罗 · 肯尼迪 . 大国的兴衰 [M]. 北京：中信出版社，2013.

[43][英] 比伦特·格卡伊，瓦西里斯·福斯卡斯 . 美国的衰落 [M]. 贾海，译 . 北京：新华出版社，2013.

[44][日] 岩本沙弓 . 别上美元的当 [M]. 崔进伟，承方，译 . 广州：广州经济出版社，2011.

[45][法] 托克维尔 . 旧制度与大革命 [M]. 王千石，译 . 北京：九州出版社，2012.

后记

这部书的写作是从第五章“世纪之问：金融战与阴谋论”开始的。起初只是美国金融危机后，我在北大某个经济论坛的一次演讲。后来，又写了“美国人为何而战”。这篇东西是为《中国青年报》写的专稿，发表后出乎我的意料，不到一周的时间里，居然在国内各大网站点击量过亿。仅凤凰网这样一家中等网站上，点击量居然突破1000万，跟帖12万条。据说，创下了单篇文章点击量的记录。此后，我又陆续写了第六章“重振或衰落：美国战略大调整能否避免颓势”（收入社科院《美国蓝皮书（2012）》）和第一章“帝国前史：老欧洲没落与美国的崛起”（刊发于2014年9月4日的《参考消息》）。其余各章包括序言则是后来专为本书的完整而撰写。

掐指算来，这本书断断续续写了整整6年时间，但其实对书中内容的思考则始于12年前：我与王建、李晓宁、王湘穗以对话体撰写了《新战国时代》一书。在这部书中，我们提出了两个重要概念：一是“9·11”是历史性转折事件，由此开始，美国将出现“L”型下滑甚至衰落；二是“币缘政治”（这一命名由王湘穗提出）将成为与“地缘政治”同样重要甚至更为重要的国际社会的行为模式。比这两个概念更重要的是，我们在书中（主要是王建的贡献）指出了美国“产业空心化”后，虚拟经济的不可持续，金融危机将不可避免，并且为期不远。5年后，美国金融危机爆发。

这次合作唤起了我对经济特别是金融问题的强烈兴趣。我开始把美元与美国的生存方式及美国的国家大战略联系起来，观察与思考。作为军人，我希望重新解开美元与战争的关系，美国人为何而战之谜。在这一思考及探究过程中，王建、晓宁、湘穗三位兄长，对我的帮助和启迪甚多，令我深怀感念。

现在，当本书即将付梓之时，我的脑际涌现出了一长串需要感谢者的名单。

首先，我要感谢我的朋友“凤凰联动”的张小波先生、宋强先生和汪毓楠编辑，没有他们最初的鼓动，我或许不会开始这本书的写作。我还要感谢人民出版社的侯俊智先生，没有他的催促，我也不会赶在2015年结束之前完成全书的整理。但我要特别感谢的是长江文艺出版集团的金丽红大姐、黎波先生，感谢他们激赏并应允出版本书；尤其是本书的责任编辑孟通，他为本书甚至远不止是本书，不计时间，不计报酬地做了大量技术性工作，提出了许多有益的建议；而本书另一位责任编辑管紫璇，则以她女性特有的细致和周全，为本书可能出现的遗漏和瑕疵，做了合乎规范的打磨和校准，才使本书得以在最短的时间里面世。为此，我唯有感激。

我还要感谢美籍华人经济学家陈志武先生。与他的对话，对我来说是一次检验自己观点也了解对方看法的难得的沟通与交流。陈先生的学者风范，给我留下了深刻印象。还有《瞭望东方周刊》的戴闻名女士和《环球时报》的王亚斌先生，本书把我与他们三人的对话和访谈收入附录，大大丰富并扩展了本书的内涵。

此外，我还要格外提及我的妻子和妹妹，她们在过去的

2000多个日夜里，为本书的写作所做的默默无闻的付出，是难以用“感谢”或“感激”这样的字眼就能回报的。当妹妹告诉我，仅去年一年，电脑字数统计显示，她为我打了整整247万字（包括每篇文章的反复修改）时，我简直不敢相信。还有我的可爱的女儿，她对本书以及我专为她写的《给女儿的99条建议》一书的期待，也是我写作的动力。还有我的岳父岳母及所有亲人们，以及那些对我在《超限战》出版17年后的第一部个人专著充满期许和激励的朋友们，对你们，我除了感谢和感激还能说什么？

唯一让我伤感的是，当本书出版时，我的父亲和母亲都已在天国安息，他们无法与自己的儿子分享这一他们期待已久的时刻。我至今还记得父亲看过《超限战》一书后对我的激赏，那一刻我才真正懂了，父与子的宿命——儿子为了父亲的骄傲而存在。而母亲则在“美国人为何而战”这篇东西写成当天，在医院寂然离世，终未能与我这不孝子见上最后一面，就成了儿子心中永远的痛！现在我只有把这本书献祭于父母大人的灵前……

最后，我认为有必要特别申明一点是，书后所列参考文献，虽然在本书中并未一一引用或呈现它们的观点，但对这些重要著作的阅读，加深了我对本书所论问题的理解和判断，故在此一并向上述文献的作者们致以由衷的敬意和感谢。

而对于所有愿意花自己的宝贵时间读这本书的读者，我希望你们在读过之后，能有人引作者为同道，则吾愿足矣。

乔良

2016年1月9日生辰之际于北京夕照寺

图书在版编目（CIP）数据

帝国之弧 / 乔良著 .-- 武汉：长江文艺出版社，
2016.4 （2016.11重印）
ISBN 978-7-5354-8676-9

I. ①帝… II. ①乔… III. ①美国—历史—中国—通俗读物 IV. ① K712.09

中国版本图书馆 CIP 数据核字 (2016) 第 045709 号

帝国之弧

乔良 著

选题产品策划生产机构 | 北京长江新世纪文化传媒有限公司
选题策划 | 金丽红 黎 波 安波舜 孟 通
责任编辑 | 孟 通 管紫璇　装帧设计 | 徐 超　媒体运营 | 刘 冲 刘 峥
助理编辑 | 刘艳艳　内文制作 | 张景莹　责任印制 | 张志杰
特约产品经理 | 王 俊

总 发 行 | 北京长江新世纪文化传媒有限公司
电　　话 | 010-58678881　传　　真 | 010-58677346
地　　址 | 北京市朝阳区曙光西里甲 6 号时间国际大厦 A 座 1905 室　邮　　编 | 100028

出　　版 | 长江出版传媒 | 长江文艺出版社
地　　址 | 湖北省武汉市雄楚大街 268 号湖北出版文化城 B 座 9-11 楼　邮　　编 | 430070
印　　刷 | 北京正合鼎业印刷技术有限公司
开　　本 | 710 毫米 ×1000 毫米　1/16　印　　张 | 13.75
版　　次 | 2016 年 04 月第 1 版　印　　次 | 2016 年 11 月第 7 次印刷
字　　数 | 120 千字
定　　价 | 39.80 元